LES BEAUJEU DE FRANCHE-COMTÉ

DANS LE DUCHÉ DE BOURGOGNE

L'AUXERROIS, LE TONNERROIS, LA CHAMPAGNE, ETC.

*Extrait des Mémoires de la Société bourguignonne
de Géographie et d'Histoire
tome XIX, année 1903, et tome XX, année 1904*

LES BEAUJEU

DE FRANCHE-COMTÉ

DANS LE DUCHÉ DE BOURGOGNE
L'AUXERROIS, LE TONNERROIS, LA CHAMPAGNE, ETC.

Par le Dr J. BERTIN

Médecin honoraire des Hospices de Gray
Membre correspondant des Académies de Besançon
et de Dijon
de la Société Bourguignonne de Géographie et d'Histoire
de la Société d'Émulation du Doubs
de la Société d'Agriculture, Sciences et Arts de la Haute-Saône

OUVRAGE ORNÉ DE PLUSIEURS PLANCHES

DIJON
IMPRIMERIE DARANTIERE
65, RUE CHABOT-CHARNY, 65
—
1903

LES BEAUJEU

DE FRANCHE-COMTÉ

DANS LE DUCHÉ DE BOURGOGNE
L'AUXERROIS, LE TONNERROIS, LA CHAMPAGNE, ETC.

Par le Dr J. BERTIN

Médecin honoraire des Hospices de Gray
Membre correspondant des Académies de Besançon
et de Dijon
de la Société Bourguignonne de Géographie et d'Histoire
de la Société d'Émulation du Doubs
de la Société d'Agriculture, Sciences et Arts de la Haute-Saône

OUVRAGE ORNÉ DE PLUSIEURS PLANCHES

DIJON

IMPRIMERIE DARANTIERE

65, RUE CHABOT-CHARNY, 65

1903

LES BEAUJEU DE FRANCHE-COMTÉ

La maison de Beaujeu de Franche-Comté tirait son nom du village de Beaujeu (1), situé à 12 kilomètres N.-E. de Gray, sur la rive gauche de la Saône, et appelé pour cette raison Beaujeu-sur-Saône, pour le distinguer de Beaujeu en *Beaujolais* dans le département du Rhône.

La maison de Beaujeu remontait certainement aux premiers temps de la féodalité, mais elle n'est connue que depuis la fin du XIe siècle. La branche aînée s'est éteinte dans Joffroy de Beau-

---

(1) De loin, Beaujeu apparaît comme un nid de verdure enveloppant le pied d'une colline escarpée sur laquelle s'élève, majestueuse, une belle tour carrée et massive qui domine la contrée. Cette tour, haute de 24 mètres, a dix mètres de côté et ses murs ont plus de deux mètres d'épaisseur à la base. C'est l'ancien donjon du château des sires de Beaujeu, et il a dû à sa solidité de rester debout lorsque la forteresse a été détruite, le 8 juin 1637, par les Allemands chargés de défendre la Franche-Comté contre les troupes françaises envoyées par Richelieu pour la conquérir.

jeu, lequel ne laissait qu'une fille, Jeanne, mariée
à Louis de Beaujeu-Forez, et qui épousa ensuite
Robert de Grancey. Mais il existait une branche
cadette qui est arrivée jusqu'à nos jours. Elle
avait fourni, à la fin du XIVᵉ siècle, le rameau
de Mont-Saint-Léger-Montot (1).

Un demi-siècle plus tard, un autre rameau,
détaché du même tronc, quittait le comté et allait
se greffer à Chazeuil, dépendant de la baronnie
de Thilchâtel et véritable enclave de la Champagne dans le duché de Bourgogne. Après soi-
xante ans, les circonstances le conduisaient dans
l'Auxerrois avec un de ses enfants, François de
Beaujeu, devenu abbé de Saint-Germain d'Auxerre ; de là, il devait envoyer des rejets dans
toutes les directions.

Chose singulière, la vitalité de ce dernier venu
allait dépasser celle de ses aînés. En effet, la tige
principale restée à Beaujeu ne vécut que jusqu'en
1574 (2).

Le premier rameau parvint au commencement
du XVIIIᵉ siècle et finit dans Edme-Nicolas-Louis,
comte de Beaujeu, seigneur de Montot (3).

---

(1) Mont-Saint-Léger et Montot sont tous les deux du canton de
Dampierre-sur-Salon, arr. de Gray, Haute-Saône, sur la rive droite
de la Saône.

(2) Voir *Histoire généalogique de la maison de Beaujeu*, 2ᵉ
partie, chap. ɪ, Vesoul, 1903, Imp. L. Bon.

(3) Ibid., chap. ɪɪ.

Le rameau de Chazeuil, sorti le dernier, prolongea son existence jusqu'au milieu du XIXe siècle, et son importance comme son illustration devaient certainement égaler sinon surpasser celles des deux autres. En effet, il a donné un évêque de Bethléem, un abbé de Saint-Germain d'Auxerre, un gouverneur des Invalides, des généraux, des chambellans de l'empereur d'Allemagne Charles VII et de son fils l'Electeur Maximilien de Bavière, etc., etc.

CHAPITRE PREMIER

BRANCHE DE CHAZEUIL

JEAN Ier

Jean de Beaujeu, premier seigneur de ce nom pour Chazeuil, était le second fils de Jean II de Beaujeu, mort en 1419 et de Mathiote de Queutrey. C'était le frère cadet de Thibaut, dont les descendants continuèrent la famille à Beaujeu, et portèrent le titre de seigneurs de Volon.

Les deux frères étaient encore dans l'indivision le 8 mars 1428, à la reprise de fief de Bernard de Ray, alors seigneur de Beaujeu et qui donne, dans son dénombrement, le détail de leurs biens et de leurs droits (1).

Jean de Beaujeu est nommé pour la première fois, le 4 août 1422. Il faisait alors partie du corps d'armée de Louis de Châlon-Arlay, prince d'Orange et était passé en revue à Avallon, pour aller, le 12, à la journée devant Cosne et guerroyer contre le roi de France, de concert avec les Anglais (2).

(1) Arch. du Doubs, B, 634.
(2) A la suite de l'assassinat de Jean sans Peur sur le pont de Montereau, le 10 septembre 1419, son fils, le duc Philippe le Bon, accepta l'alliance anglaise. Cet état de choses dura jusqu'à la paix d'Arras, le 21 septembre 1435.

Le 5 octobre 1429, il était de la compagnie de Jean de Poitiers passée en revue à Is-sur-Tille par le maréchal Antoine de Toulonjon, seigneur de Traves, avant de rejoindre le duc sur les marches de Champagne. Avec lui se trouvaient Jean de Mont-Saint-Léger, son cousin Gérard *le Vaillant* et d'autres Comtois qui allaient, pour ainsi dire, faire campagne contre Jeanne d'Arc, prise le 23 mai suivant devant Compiègne (1).

Le mardi 15 janvier 1437, il apposait son sceau, à défaut de celui de Marguerite de Lose, dame de Chazeuil et de Véronnes (2), sur l'acte par lequel cette dame instituait, pour son maire à Véronnes, Jacob de Saulx, *son homme et sujet,* demeurant audit lieu.

Le 9 mars 1440, avec son frère Thibaut et son cousin Pierre, seigneur de Montot, il avait dû se

---

(1) Les gendarmeries bourguignonnes et comtoises ne firent pas partie des troupes qui opéraient au nord de Paris, contre Jeanne d'Arc et étaient composées de Picards. « Septembre 1429 : le duc « de Bourgogne était à Paris et emmena avec lui tous ses Picards, « qu'il avait amassés, environ 6000 et fort larrons, qu'il avait « entrés à Paris, depuis que la malheureuse guerre était commen- « cée » (*Journal d'un bourgeois de Paris,* collection MICHAUD, t. III, p. 257). « Le duc de Bourgogne avait grand foison de Picards, qui, « *dès le mois d'avril, avaient mis le siège devant Compiègne, mais* « *encore n'y avaient rien fait au mois d'août* » (Id., p. 259). Cette particularité n'avait pas été signalée par les historiens bourguignons et francs-comtois et méritait de l'être.

(2) Véronnes, canton de Selongey, arr. de Dijon (Côte-d'Or).

rendre à Baissey (1), près de Langres, contre les Ecorcheurs (2). Mais le péril avait dû s'éloigner, car on voit tous ces gentilshommes faire partie du cortège de l'archevêque Quentin Ménard, lors de son entrée dans la ville de Besançon (3).

Jean avait été marié, en 1428, à Catherine de Charmes, dont la sœur Huguette avait épousé son frère Thibaut. Il en était veuf en 1445 et se remariait à Marguerite de Vaites, fille d'Odot de Vaites, seigneur de Chazeuil, et il reprenait de fief, le 28 janvier 1446, de Jean de Rye, seigneur de Tilchâtel, pour les biens qu'elle lui apportait en dot.

La même année, le mardi avant la Madeleine (17 juillet), il achetait de son beau-frère, Gauthier de Vaites et d'Antoinette de Maissey, sa femme, « *la tour de Chazeuil, les fonds et tréfons, avec les fossés, allées et venues...* » *pour 51 francs et 9 gros* (4), et il en donnait

---

(1) Baissey, canton de Longeau, arr. de Langres (Haute-Saône).

(2) Les Ecorcheurs étaient les troupes débandées à la suite de la paix d'Arras. Ils saccagèrent les deux Bourgogne (TUETEY : *Les Ecorcheurs sous Charles VII;* — de FRÉMINVILLE : *les Ecorcheurs en Bourgogne.* Mon mémoire sur le *Trésor de Beaujeu,* p. 30, 35, etc.).

(3) DUNOD, t. II, p. 611, 612.

(4) La contrée, après avoir été ravagée pendant la guerre des Châteauvillain et des Vergy, en 1434 et 1435, au moment du siège de Grancey, avait eu ensuite la visite des Ecorcheurs (voir note 2). Le château fut réparé entièrement, peu après, par Jean de Beaujeu, probablement pendant la période de calme qui marqua la fin du

le dénombrement le 21 novembre suivant (1).

Le 10 novembre 1452, il obtenait de ceux qui pouvaient avoir quelques droits sur cette seigneurie, confirmation de cette vente, par leur renonciation au retrait féodal ou lignager, et devenait ainsi paisible possesseur de la terre de Chazeuil.

Jean avait conservé sa part de l'héritage paternel à Beaujeu et dans le comté. C'est à cause de cela qu'en 1450, il avait été témoin du testament de Thibaut de Neufchâtel, seigneur de Chemilly et Conflans (2), qui le nommait son exécuteur testamentaire.

De son mariage avec Catherine de Charmes, il n'avait eu qu'une fille, Guillemette, mariée à Martin de Sacquenay, et à laquelle il avait remis l'héritage de sa mère qui comprenait surtout une rente de 10 francs, au rachat de 100 francs, et une autre de 50 francs sur Echevannes, près de Tilchâtel. Le 5 novembre 1451, Thierry de Charmes, frère de Catherine, chargé de servir ces rentes, transporta à sa nièce ses droits sur Francalmont (3) près de Conflans, *au duché de*

règne de Philippe le Bon. Mais il est aujourd'hui complètement en ruines, tout en ayant grand air. *Les burelles de Jean de Beaujeu se voient encore en plusieurs endroits.*

(1) Archives de la Côte-d'Or, E. 1374.

(2) Chemilly est du canton de Scey-sur-Saône et Conflans du canton de Saint-Loup.

(3) Francalmont, canton de Saint-Loup, arr. de Lure (H^te-Saône).

Bar, du fait de sa femme, Anne de Saint-Loup (1), qui consentit d'abord à ce traité, sous l'expresse condition de rachat. Mais, le 12 juin 1456, son mari étant décédé, elle renonça à ce droit et Martin de Sacquenay resta en possession du gage. Jean de Beaujeu avait paru pour abandonner toute prétention sur les biens en question.

Le 22 octobre 1453, à la suite du décès, le

(1) Ce droit d'Anne de Saint-Loup sur Francalmont démontre clairement qu'elle était de la famille de Saint-Loup, branche de Faucogney, quoique son nom ne figure pas dans Dunod (t. III, p. 64) et dans le mémoire de M. Finot (les sires de Faucogney, p. 179). Mais on n'y trouve pas non plus Catherine de Saint-Loup, deuxième femme de Pierre de Bauffremont, et dame, en 1444, d'Auxon et de Vaivre, fiefs appartenant à la maison de Saint-Loup. Voici encore d'autres renseignements à ajouter qui ne se rencontrent pas chez ces deux auteurs :

Girard de Saint-Loup, marié à Jeanne de Saint-Remy, née de Joffroy et de Jeannette de Dampierre-sur-Salon, fille de Richard, était mort en 1423, et sa veuve faisait hommage pour ce qu'elle tenait à Spoy et Echevannes, près de Tilchâtel, au duché de Bourgogne (Côte-d'Or, E. 1978). Girard laissait deux fils, Etienne et Jean ; celui-ci seigneur de Ronchamp. Etienne fut banni pour être entré à main armée dans l'abbaye de Clairefontaine, voisine de Saint-Remy, avoir battu les religieux et ensuite mis le feu au prieuré de Fontaine, le samedi veille des Bordes, 1417. Dans ses biens confisqués se trouvait Fontaine, Vaivre, Noidans et Auxon (Arch. de la Côte-d'Or, Recueil de Peincedé, t. XXV, p. 527). Or, Catherine de Saint-Loup, deuxième femme de Pierre de Bauffremont, était, comme il est dit plus haut, dame de Vaivre et d'Auxon (Arch. du Doubs, B. 632, f. 238).

En 1434, le duc fit don à Anne de Saint-Loup, nièce de Girard et femme de Thierry de Charmes, des biens saisis sur Girard à Fresne-sur-Apance et estimés à 13 fr. de rente ; mais elle devait verser entre les mains de Jean de Chenel, garde des joyaux, la

23 août, de Guillaume d'Etrabonne, Claude de Montaigu, seigneur de Couches et de Longvy, était nommé tuteur de Jean d'Etrabonne, fils du défunt et de Jeanne de Vienne, et demeurant à Champagne-sur-Vingeanne. Il n'avait accepté ces fonctions que sur les instances des parents et amis, et il avait exigé un *bon et loyal* inventaire. Jean de Beaujeu représentait dans cette circonstance Guillemette d'Etrabonne, fille du défunt et *dame* à Remiremont (1).

Le 16 mars 1463, dans un terrier fait à Chazeuil pour Jean d'Igny, Jean de Beaujeu est déclaré avoir la haute justice, avec le droit d'ériger le signe patibulaire et un colombier à pied (2).

somme de 60 l. destinée à *augmenter* la vaisselle d'argent de l'hôtel ducal (PEINCEDÉ, t. I, p. 823).

M. Finot fait arriver Saint-Loup aux Reinach par l'intermédiaire de la famille lorraine de Gallo. Mais Melchior de Reinach, seigneur de Florimont et de Sainte-Marie-en-Chaux (entre Luxeuil et Faucogney) avait épousé Claudine de Saint-Loup, avec laquelle il reprenait de fief pour Ronchamp, le 18 août 1546 (Arch. du Doubs, B. 639, f. 255). Ce Melchior de Reinach devait être proche parent de Richard de Reinach, fils de Jacques, seigneur de *Florimont* et de *Sainte-Marie-en-Chaux*, châtelain de Châtillon-sous-Maîche, marié à Antoinette de Beaujeu, fille de Claude II et veuve en 1578 de Jacques de Vy, dont elle avait eu, entre autres enfants, Marguerite de Vy, épouse de Simon de Saint-Loup (Arch. de la Haute-Saône, B. 6689, fol. 459, verso et suivants).

(1) Remiremont, chef-lieu d'arrond. Vosges, possédait une abbaye noble de *chanoinesses* dont l'abbesse était princesse d'Empire.

(2) Arch. de la Côte-d'Or, E. 1374. Seul, le seigneur haut justicier avait le droit d'élever un gibet et de posséder un colombier à pied.

Malgré son âge déjà avancé, Jean prit une part active aux guerres qui terminèrent si malheureusement le règne de Charles le Téméraire. Du reste, les ordres du duc étaient formels et, sous peine des punitions les plus sévères, tous les vassaux en état de porter les armes devaient répondre à l'appel, *quel que fût leur âge*. Le 12 mars 1472, il était à la Charme-sous-Gevrey (1), dans la dizaine de Thierry de Charmes, son neveu, avant d'aller *au pays de par delà*. On voit avec lui Pierre de Rougemont, Jean de Vaites, Jean de Maisey.

Le 5 juillet suivant, il était de la compagnie de Jean de Neufchâtel, seigneur de Montaigu. Après les désastreuses batailles de Morat, de Granson et de Nancy, il était en garnison pour le roi de France au château de Rouvres (2) et le 11 septembre 1477, il était passé en revue par Guillaume de Marbeuf, écuyer, commis à cet effet par Jean de Blosset, chevalier, seigneur de Saint-Pierre, grand sénéchal de Normandie et gouverneur de Dijon.

Jean de Beaujeu mourut cette même année et

(1) Gevrey, chef-lieu de canton, arr. de Dijon, Côte-d'Or.

(2) Rouvres, château à 15 kilomètres de Dijon, où est mort, en 1361, le jeune duc Philippe, dit de Rouvres, parce qu'il y était né. La duchesse de Savoie, sœur de Louis XI, y avait été détenue, au commencement de cette année 1477, d'après les ordres de Charles le Téméraire.

sa tombe est à Beaujeu, dans l'église (1). Elle porte l'inscription suivante : Cy gist Johan de Beljeu et Catherine de Charmes et Marguerite de Waites et Marguerite de Charmes, jad(is) ses fe(m)mes, et trespassa le...... l'an MCCCC........ L'absence de la date de son décès indique qu'il n'a pas été inhumé à côté de ses trois femmes, malgré son intention.

Veuf pour la seconde fois après le décès de Marguerite de Vaites, il avait épousé Marguerite de Charmes, sœur de Catherine et veuve elle-même de Philippe d'Angoulevent, seigneur de Renève. Mais il n'en eut pas d'enfant.

Catherine lui avait donné une fille, Guillemette, femme de Martin de Sacquenay, avec lequel elle renonçait, le 31 mai 1456, à la succession de son oncle Thierry de Charmes, en faveur de ses autres oncles, Jean et Guillaume de Charmes.

De Marguerite de Vaites, par laquelle il devint seigneur de Chazeuil, il avait eu :

1° Jean de Beaujeu II ;

2° François, d'abord simple religieux, puis sacristain, et enfin, en 1488, chambrier de l'ab-

(1) Planche II. Elle est dressée contre le mur à l'entrée de la chapelle du Rosaire : mais elle est fortement endommagée aujourd'hui par suite de ses différentes pérégrinations. Sortie de la chapelle en 1854, elle fut placée dans l'allée médiane. En 1869, au moment de la reconstitution de l'église, elle fut reléguée dans l'allée latérale gauche et à moitié cachée sous les bancs, comme celle de son père qui s'y trouve encore.

baye de Saint-Bénigne de Dijon, avant d'être
abbé de Saint-Germain d'Auxerre. Institué régulièrement chambrier par l'abbé Claude de Charmes, qui avait seul le droit de disposer des offices
claustraux (1), il avait trouvé un concurrent dans
Antoine le Gaignière (*aliàs* de Chilly) nommé
par une bulle du Pape Innocent VIII, le 8 juillet
1489. Pour compléter le scandale, la question
avait été portée devant la justice civile et le débat
n'était pas terminé après huit ans de procédure.

Voulant couper court à un reproche qui lui
avait été fait d'être né d'un père comtois (2),
François avait demandé et obtenu des lettres de
naturalisation française, et le parlement avait
confirmé sa nomination. Mais son adversaire avait
reçu une nouvelle bulle du pape, et ce ne fut
qu'en 1497 que François de Beaujeu obtint définitivement gain de cause.

L'importance des revenus de la chambrerie
n'était certainement pas étrangère à l'âpreté de
la lutte, car c'était le temps où la *commandise*

---

(1) On nommait ainsi les fonctions de chambrier, aumônier, sacristain, chantre, prévôt, trésorier, infirmier, cellerier, cuisinier.
La dignité de grand-prieur ne comptait pas dans les offices claustraux. Le grand prieur, qui remplaçait l'abbé, était choisi par celui-
ci, et pouvait être en même temps, aumônier, sacristain, etc. L'abbé,
qui avait l'administration, choisissait ses collaborateurs.

(2) Après la mort de Charles le Téméraire, le duché fit retour à
la couronne et le comté resta à Marie de Bourgogne, mariée à Maximilien d'Autriche.

envahissait les dignités religieuses qu'on confiait même à des laïques qui percevaient les revenus et laissaient un subalterne s'occuper des devoirs de la charge.

En 1507, l'abbé Claude de Charmes, qui était parent de François de Beaujeu, et qui, depuis 1495, administrait, en même temps, les deux monastères de Saint-Bénigne de Dijon et de Saint-Germain d'Auxerre, céda ce dernier à François de Beaujeu, « son parent, homme remarquable par son éducation, son savoir et la pureté de ses mœurs ». Le nouvel abbé conservait le titre de chambrier, mais il en abandonnait les revenus à Claude de Charmes qui resta chargé de l'administration et, en 1510, remit sa crosse d'abbé de Saint-Bénigne à son neveu Charles de Baissey.

François de Beaujeu fut à la hauteur de ses nouvelles fonctions. « Il fit restaurer les bâtiments et mit en ordre le trésor. Il fut un gardien vigilant des droits et des privilèges. En 1525, il obtenait du Parlement un arrêt qui délivrait définitivement le monastère de la juridiction des évêques d'Auxerre. » François avait commencé les hostilités en 1514, le 17 décembre, lors de la visite de François de Dinteville, nouvellement promu à l'évêché d'Auxerre. « Habillé de sa crosse et de sa mitre, accompagné de tous ses religieux en aube et *chape vêtue*, il était allé au devant du prélat, mais pour lui déclarer qu'il était exempt de sa juridiction et que s'il le recevait dans l'abbaye, c'était seulement par honneur pour sa personne. Il l'invita ensuite à prêter serment de garder les droits et de respecter les franchises de l'abbaye, ce à quoi l'évêque se refusa (1). »

Deux notaires requis pour assister à cette singulière réception en dressaient immédiatement procès-verbal.

En 1521, François de Beaujeu avait été député par le clergé d'Auxerre à la réunion des États, pour la répartition des 50.000 livres accordées au roi pour les francs fiefs et les nouveaux acquêts, dans la Bourgogne, le Mâconnais, le Châtillonnais, l'Auxerrois, etc.

François de Beaujeu avait augmenté les biens du monastère de plusieurs *bénéfices ;* malheureusement le roi François Ier, qui avait besoin d'argent pour continuer la guerre contre l'empereur Charles-Quint et essayer de prendre sa revanche de Pavie, fit enlever les meilleurs biens de l'abbaye et l'abbé eut la douleur de ne pouvoir empêcher cette spoliation (2).

François de Beaujeu mourut le jour des Nones, 5 novembre 1539, et fut inhumé dans le chœur de l'église de l'abbaye qu'il avait embellie. Son éloge a été laissé par un de ses religieux, Pierre

(1) Arch. de l'Yonne, H. 999.
(2) *Gallia Christ.*, t. XII.

Pesselièvre, auteur d'un ouvrage estimé sur la théologie. Il le donne « comme le plus grand par la noblesse, la piété, la prudence, la charité, *la patience*, l'éclat de sa doctrine et de son éloquence qu'il devait à une lecture assidue de saint Chrysostome (1). »

3° Guillaume, religieux de Saint-Bénigne, nommé prévôt de l'abbaye, le 14 juin 1494, puis aumônier, le 15 septembre 1502, après la mort de Philibert de Charmes. Il fut en même temps titulaire du prieuré de Griselles, dépendant de l'abbaye de Saint-Germain d'Auxerre, lorsque son frère François prit l'administration de ce monastère.

Il n'avait pu avoir la paisible possession de son office d'aumônier, et, plus encore que son frère, il avait passé par des tribulations de toutes sortes.

Georges d'Amboise, cardinal de Rouen, qui était en France le légat du Saint-Siège, avait donné la *commandise* à Barthélemy Magny, religieux augustin, archidiacre de Tarbes, natif de Màcon et dont le frère Philippe était conseiller-maître à la Chambre des comptes de Dijon.

Des lettres *royaux* avaient confirmé la décision

(1) *Gallia Christ.*, t. XII, xlix. Son successeur fut Louis de Lorraine, fils de Claude de Guise et d'Antoinette de Bourbon, qui devint cardinal. Il était âgé de douze ans et prit possession de l'abbaye le jour de Pàques de l'année suivante 1540.

2·

du légat. Guillaume fit alors appel à la juridiction civile et porta la cause devant le Parlement. Mais son adversaire ne craignit pas de s'abaisser à des dénonciations calomnieuses et adressa une requête au Conseil du roi en disant « *qu'il était dangereux pour la chose publique* que Guillaume de Beaujeu, *comtois de nation*, possédât ledit office, attendu que par la fondation dudit hôpital, l'aumônier était tenu de loger et nourrir tous les étrangers, de quelque nation qu'ils fussent, en allant ou revenant de pèlerinage et que ledit hôpital, qui était hors des murs de l'abbaye et séparé par un jardin, *était peu éloigné du château de Dijon* (1). »

Le procès suivit son cours avec la lenteur accoutumée et Guillaume finit par obtenir gain de cause en 1513; mais son concurrent, pour se venger, l'avait fait dévaliser. Il fallut un monitoire du Pape Léon X, en date du 5 août 1513, pour « *recouvrer les biens, meubles, rentes et papiers* de Guillaume de Beaujeu, aumônier de Saint-Bénigne, *qui lui avaient été pris et cachés* (2). »

Cependant il n'était pas au terme de ses ennuis, et il dut alors soutenir des procès nombreux pour les droits de l'aumônerie, par suite de l'empiétement des voisins qui avaient profité de la discorde

(1) Arch. de la Côte-d'Or, H. 6, layette 9, liasse 1, cote 2.
(2) Ibid.

des compétiteurs. Il dut même, en 1522, demander au roi l'autorisation de faire dresser un *terrier*, avec la mention des biens, terres, cens, rentes, etc., qui pouvaient lui appartenir ; néanmoins il était encore en discussion en 1531.

Tout en surveillant ses intérêts personnels, Guillaume s'occupait des affaires de ses frères François et Jean. François avait laissé la jouissance des revenus de la chambrerie à Claude de Charmes, abbé *antique* de Saint-Bénigne ; mais le grand âge de ce personnage lui avait fait remettre l'administration à Guillaume, qui avait aussi la procuration de Jean, retenu au loin pour le service du roi. Cela n'empêchait cependant pas l'aumônier de se trouver aux réunions du chapitre et de participer à l'administration de l'abbaye. « L'an mil cinq cent dix-huit, le vendredi vingt et unième jour du mois de janvier, il assistait à l'inventaire des saintes reliques, joyaux et meubles, tant d'argent, d'or, de pierres précieuses que de draps, de velours, soye et linge de l'église du vénérable monastère. » Dans la liste des objets figuraient, sous le n° 381, trois serviettes, dont deux imagées d'un cœur tissé de fils d'or, qu'il avait données (1).

---

(1) *Mémoires de la Société bourguignonne de géographie et d'histoire*, 1894. *Le Trésor de Saint-Bénigne*, par Bernard Prost. L'inventaire fut revu les 2 janvier 1527 et 8 juin 1528, et au bas figure la signature de Guillaume de Beaujeu.

Le 14 octobre 1525, il comparaissait avec le chapitre à la prise de possession de l'abbaye par Perpétue Henriot, procureur de Frédéric Frégose (1), archevêque de Salerne, abbé commendataire nommé après la démission de René de Bresches.

En 1535, le 13 novembre, il était chargé de faire un arrangement avec les religieux pour le vin. Ensuite de l'accord intervenu, chaque religieux avait droit à un *maraut* par jour, soit près de trois litres, sans compter un *potot* de vin blanc aux quatorze fêtes et les suppléments pour les processions (2).

Guillaume résigna ses fonctions, en 1542, en faveur de François de Saint-Belin, sans doute à cause de son grand âge, et mourut le 17 septembre 1544, *99 ans après le mariage de ses parents,* qui eut lieu en 1545. Il reçut la sépulture dans l'église de Saint-Bénigne, et François de Saint-Belin, son successeur et son ami, était venu le

(1) Frédéric Frégose, devenu cardinal, mourut en 1540. Son frère Octavien était doge de Gênes (*Gall. Christ.*, t. IV, col. 693. G. Du-MAY, *Epig. Bourg.*, in *Mémoires de la Société bourguignonne de géographie et d'histoire*, 1894, p. 138.

(2) *Le maraut valait cinq tiers de pinte* (qui équivalait à 1 l 615), et *quarante marauts faisaient une feuillette,* de sorte que chaque religieux consommait annuellement 980 litres, sans compter le vin blanc des fêtes et le supplément des processions (Arch. de la Côte-d'Or, H. 8, réfecturier). Les comptes de l'abbaye de Bèze donnent la même quantité par religieux.

rejoindre en 1560. Leur tombe commune représentait deux religieux debout sous une double arcade d'architecture renaissance. Aux quatre angles se trouvaient quatre écussons. A *dextre*, en haut : *burelé d'argent et de gueules de dix pièces*, qui est Beaujeu ; en bas : *d'or à trois quintefeuilles de gueules*, qui est Vaites. A *sénestre*, en haut : *d'azur à trois têtes de bélier d'argent encornées d'or, posées 2 et 1*, qui est Saint-Belin ; au bas : *de gueules à la fasce d'argent, accompagnée de 3 étoiles de même*, qui est Moreau (1). Autour était écrit : CY GISENT FRÈRES GUILLE DE BEAUJEU ET FRANÇOIS DE SAINT-BELIN, TOUS DEUX JADIS AULMONIERS DE CÉANS ; LEQUEL DE BEAUJEU TRÉPASSA LE XVIIe JOUR DE SEPTEMBRE 1544 ; ET LEDIT DE SAINT-BELIN LE IIe JOUR D'AOUST 1560 (2).

4, 5 et 6°, trois fils morts dans l'expédition du roi Charles VIII en Italie, en 1494-1495, d'après la déclaration de leur frère Jean, en 1511 (3).

---

(1) M. G. Dumay (voir note 2) n'avait pas reconnu ces armoiries dont il ne donne pas les émaux. Mais comme il y avait, en 1525, un Jean de Moreau, infirmier de Saint-Bénigne (Arch. de la Côte-d'Or, 11⁴) qui portait ces armes, il y a tout lieu de croire que la mère de François de Saint-Belin était de la même famille.

(2) Mss. de la Bibl. nat. Fonds Clairambaut, t. 942, n° 306. Publié, G. DUMAY : *Mémoires de la Com. des Antiquités de la Côte-d'Or*, t. X.

(3) Arch. de la Côte-d'Or, E. 1374. Voir ci-dessous à Jean II.

JEAN II

Jean II, seigneur de Beaujeu et de Chazeuil, d'Échevannes, de Véronnes, capitaine de Moustier-en-Puisaye, était encore mineur à la mort de son père, comme il le dit dans une requête au bailli de Sens, du 3 mars 1511, article XVIII et XXXI : « Quand le père dudit de Beaujeu, tost après les guerres du roi Louis onzième et de feu le duc Charles fut allé de vie à trépas, *sont demorés ledit Jehan et ses frères en bien bas âge et mineurie d'ans ;* lequel et sesdits frères sitôt qu'ils sont venus en *aige* ont suyvi la guerre pour mons. le roy contre ses adversaires, tant au voyage de Naples, Millan comme autres lieux, où *sont morts trois des frères dudit de Beaujeu...* »

Après la brillante conquête de Naples par Charles VIII, en 1494-1495, ce furent les expéditions de Louis XII et de François Ier en Italie. Jean de Beaujeu paraît avoir participé à toutes, comme il le dit, car il est presque toujours absent et remplacé par ses frères François et Guillaume, dans l'administration de ses biens.

Cette minorité et ces absences avaient eu des conséquences graves, d'autant plus que le duché de Bourgogne avait changé de maître, ce qui ne

s'était pas effectué sans troubles. Après la mort
du duc Charles à Nancy, le 5 janvier 1477,
Louis XI s'était emparé du duché, fief masculin
détaché de la couronne par le roi Jean le Bon
pour son fils Philippe le Hardi. Naturellement,
Louis XI avait éloigné les partisans de la princesse Marie et modifié complètement l'organisa-
tion de tous les services. Absorbé par ses devoirs
militaires, Jean de Beaujeu avait délaissé sa seigneurie de Chazeuil qui était restée en butte aux
empiétements des autres seigneurs.

La terre de Chazeuil, dépendant de la baronnie
de Tilchâtel, était alors divisée en trois parties :
La portion de Saint-Seine, qu'Arnould de Saint-
Seine possédait en 1462, était passée aux de Thou,
puis aux de Montigny et ne comprenait que
quelques habitants. Celle de Crecey, à peine plus
importante, appartenait, en 1400, à Guyot de
Champdivers, à cause de Guyotte de Châtillon,
sa femme. Jeanne de Champdivers, leur fille, la
porta à Jacques d'Igny, dont le fils Elyon la céda,
le 9 septembre 1484, à Philippe Baudot, maître
des requêtes et gouverneur de la chancellerie au
parlement et marié à Claudine de Mailly. D'après
un dénombrement du 23 septembre 1402, cette
seigneurie comprenait huit *maignies* d'hommes
qui, outre leurs corvées, produisaient deux émines
de blé et douze boisseaux d'avoine. Il y avait en
outre 30 arpents de bois. Le tout était estimé

120 livres, *au rachat de 10 livres de rente* (1).

Le reste du territoire, avec 160 sujets, constituait la grande seigneurie, reste du fief tenu par les gentilshommes du nom de Chazeuil, dont Jacques, le dernier représentant, vivait en 1372. Il devait être fils de Guiot de Chazeuil, châtelain de Saulx-le-Duc et fondateur de l'église. Après Jacques de Chazeuil, le fief arriva à Étienne de Vaites, dont la petite fille, Marguerite, avait épousé Jean Ier de Beaujeu. Marguerite avait un frère, Gauthier, qui vendit les restes du château à Jean de Beaujeu. Mais ayant été banni pour *avoir assisté* à un meurtre à Véronnes, ses biens furent confisqués et achetés par Guillaume de Saint-Martin, en 1460 (2). En 1511, Guillaume de Saint-Martin reprit aussi la portion laissée à Jeanne de Vaites, fille de Gauthier et veuve de Nicolas de Crecey, et à Jean de Crecey, son fils. Jeanne de Lenoncourt, dame de Tilchâtel, lui donna, le 25 mai 1511, l'autorisation d'entrer en possession (3).

(1) Arch. de la Côte-d'Or, E. 1374. Les renseignements sur Chazeuil, ses différents seigneurs et sur leurs droits respectifs, proviennent d'un dossier considérable renfermant toute la procédure, tous les mémoires pour ou contre dans les procès interminables relatifs à la justice, aux droits dans la forêt, soit des seigneurs entre eux, soit des seigneurs avec leurs sujets. Ce dossier autrefois réuni sous le n° 165, E., est aujourd'hui disséminé dans les liasses E. 1374, 1375, 1379, 1380, 1380 *ter*, 1381, 1382, 1823, 1842, etc.

(2) Arch. de la Côte-d'Or, n° 103 de la bibliothèque, p. 197.

(3) Arch. de la Côte-d'Or, E. 1374.

Par une coïncidence assez singulière, les trois branches existantes de la maison de Beaujeu se trouvaient en présence à Chazeuil, avec des intérêts plus ou moins opposés.

La seigneurie de Saint-Seine, passée aux de Thou, appartenait pour moitié à Huguenin de Montigny, marié à Guillemette de Beaujeu, fille de Thibaut de Beaujeu-Volon et de Huguette de Charmes. L'autre moitié était restée à Marie de Remilly, veuve d'Étienne de Thou, mais remariée à Claude de Beaujeu-Volon, fils de Thibaut et frère de la femme d'Huguenin de Montigny, et comme elle cousin germain de Jean II de Beaujeu.

Guillaume de Saint-Martin (1), bailli de la baronnie de Tilchâtel, possesseur de la partie de Gauthier de Vaites, était marié à Antoinette d'Angoulevent, née de Claudine de Beaujeu, fille de Pierre de Beaujeu-Montot, et de Poinçard d'Angoulevent, son premier mari. Cela n'empêcha pas des contestations et par suite des procès de

(1) Les Saint-Martin paraissent avoir été baillis de Tilchâtel, de père en fils pendant fort longtemps. Etienne de Saint-Martin, seigneur de Percey-le-Grand et de Minot, marié à Marguerite de Lugny, est bailli le 11 septembre 1476. Guillaume l'est en 1491 : il est marié à Jeanne de Mipont. C'est lui qui acheta une partie de Chazeuil, en 1460... Guillaume II, son fils, bailli après lui, est dit seigneur de Mornay-sur-Vingeanne (Arch. de la Côte-d'Or, E. 1371). Il est mort avant Noël 1523. Son fils Jean fut installé comme bailli le 3 mars 1529. Ses gages étaient de 10 lb. tournois par an. Un Jean de Saint-Martin était seigneur de Fresne-Saint-Mamès en 1612 (Arch. de la Côte-d'Or, E. 1975 et 1981).

naître et de se perpétuer, comme on le verra bientôt.

Jean de Beaujeu et Guillaume de Saint-Martin avaient seuls la haute justice et par conséquent le droit, pour leurs juges, de siéger *en place commune et sous l'orme* (1). Ils pouvaient seuls avoir un signe patibulaire. Ils l'avaient, seuls, fait relever, le 2 janvier 1497, mais en présence, et eux dûment convoqués, de Claude de Beaujeu et de ses hommes qui ·prêtèrent même la main à l'érection.

Seuls, Jean de Beaujeu et Guillaume de Saint-Martin avaient le droit de prendre des arrêtés et de faire des ordonnances pour ce qui se passait en place publique. Ils avaient seuls le droit d'avoir un colombier à pied (2). Pour eux seuls était le produit des amendes prononcées pour délit en place commune et les épaves trouvées dans toute l'étendue du territoire.

Ils devaient être nommés les premiers dans les prières publiques.

Mais les officiers de justice des seigneuries de Thou, de Montigny et d'Igny, avaient essayé de

---

(1) La haute justice se rendait en plein air, *à la face du ciel*. C'est ainsi que saint Louis le faisait au bois de Vincennes. Les moyenne et basse justices se rendaient *sous lattes*, c'est-à-dire dans un endroit couvert, comme les halles, le four, etc.

(2) Le colombier à pied était un bâtiment spécial n'ayant pas d'autre usage. Les propriétaires de deux cents arpents pouvaient avoir *une volière* dans leur habitation.

participer à ces droits. En 1507 (1), ils avaient profité de l'absence des représentants des seigneuries de Beaujeu et de Saint-Martin pour agir en leur nom et tenir des jours de justice *en place publique, sous l'orme,* au-devant de l'église, le 23 août, lendemain de la fête de saint Symphorien, patron de Chazeuil. Ils n'avaient pas craint de partager les amendes encourues pour les délits en place publique, et auxquelles ils n'avaient aucun droit. Ils avaient poussé l'audace jusqu'à instituer un procureur commun, « puis ledit jour, par lesdits dessus nommés a été advisé conclu et ordonné que chascun an à la fête saint Symphorien, patron de l'église de Chazeuil, *le prix accoustumé* (2) *à mettre par les varlets et enfants de ladite feste sera mis assis et planté en lieu de communauté, assis sur et sous ledit horme ou tout autre lieu de communauté, après la licence qu'ils sont tenus prendre des maires desdits seigneurs.* »

Jean de Beaujeu avait laissé à ses frères le soin de veiller sur ses biens ; mais François avait été nommé cette année-là à l'abbaye de Saint-Ger-

---

(1) En 1507, les armées françaises étaient en Italie avec Louis XII qui avait eu à réprimer la révolte de Gênes.

(2) Il s'agit du tir à l'oiseau ou d'autres exercices du même genre alors en honneur dans les fêtes villageoises, et qui, déjà comme aujourd'hui, étaient laissés à l'initiative des jeunes gens de la commune.

main d'Auxerre et Guillaume était absorbé par ses discussions relatives à ses fonctions d'aumônier, de sorte qu'aucune protestation n'était venue arrêter les agissements des gens des seigneurs de Montigny et d'Igny.

Encouragés par ce silence, ceux-ci, le 23 août 1508, avaient invité les maires de Jean de Beaujeu et de Guillaume de Saint-Martin à tenir la justice avec eux, et, sur leur refus, ils n'avaient pas craint d'afficher nettement leurs prétentions. En effet, le lendemain, dans la salle du chapitre de Saint-Bénigne, sommation était faite à Guillaume de Beaujeu, représentant de son frère, d'avoir à consentir à exercer la justice en commun. Protestation de Guillaume qui déclare que « son frère a seul le droit de tenir des jours de justice en place publique ». Les hostilités étaient commencées.

Le 23 mars suivant, Jean Pelletier, chanoine de la Sainte-Chapelle et procureur de Claudine de Mailly, dame de Crecey et de Chazeuil en partie, allait trouver à Saint-Bénigne François de Beaujeu qui, quoique abbé de Saint-Germain, avait conservé les fonctions ou au moins le titre de chambrier de Saint-Bénigne, et qu'il croyait sans doute devoir ménager. Il lui proposa de terminer à l'amiable, et de s'en remettre complètement à des arbitres pour vider le différend. Mais il ne paraît pas qu'on ait prêté l'oreille à ses propositions, car le 23 août suivant 1509, Guillaume de Beaujeu était à Chazeuil, à huit heures du matin, avec Jean Ramel, bailli de l'abbaye et juge à Chazeuil, pour Jean de Beaujeu.

Pierre Baudot et Thomas de Montigny, père d'Huguenin, s'approchant de lui lui demandèrent de consentir à tenir avec eux la justice commune. Guillaume répondit qu'il ne s'opposait pas à ce qu'ils tinssent leur justice particulière. Il reconnut même *qu'antérieurement il y avait eu des jours communs*, mais il maintint énergiquement que cela n'avait pu avoir lieu que par suite de circonstances exceptionnelles, et que son frère seul avait le droit de le faire. Malgré cette protestation, les adversaires « *sous la protection de quelques gens de guerre armés et embâtonnés, venus de Dijon*, tinrent leur audience. »

Guillaume leur déclara alors qu'il en appelait à la justice, et leur fit aussitôt signifier ses intentions. Mais, le 26 octobre, la dame de Mailly formait opposition à « *cet appel disant qu'elle voulait poursuivre le principal* ». L'affaire devait être portée d'abord devant le bailli de Sens, et des conclusions étaient déposées par Claudine de Mailly, le 10 février 1510. Elles étaient signifiées à Jean de Beaujeu alors à Auxerre, où l'avait emmené son frère François, en le faisant nommer capitaine de Moustier, château dépendant de l'abbaye de Saint-Germain.

Le 3 mars, en présence de Michel Armentel et

Robert Fouchey, notaires royaux à Auxerre, Jean de Beaujeu répondait, *article par article*, aux conclusions de son adversaire et *signait* ses déclarations.

La lutte ainsi commencée se continua selon les mœurs du temps. Jean de Beaujeu s'était rencontré avec François de Rochechouart (1), père de Christophe, remarié le 8 octobre 1508, à Madeleine de Vienne, veuve de Lazare Baudot, fils de Philippe et de Claudine de Mailly.

Des rixes avaient eu lieu et on en était arrivé à des voies de fait, car le 18 février 1512, une enquête était demandée par François de Rochechouart contre Jean de Beaujeu, capitaine de Moustier et autres, au sujet de *siège et de démolition de maison*, de port d'armes, assemblée illicite... Mais une contre-enquête était réclamée sur le même sujet par l'abbé de Saint-Germain, François de Beaujeu, qui avait pris la défense de son frère.

Pendant que la procédure suivait son cours, Jean de Beaujeu s'occupait d'améliorer la situation de ses hommes de Chazeuil. Au mois de mars

(1) François de Rochechouart, seigneur de Champdenier, d'une maison du Poitou, était premier chambellan du roi Louis XII et fut fait gouverneur de Gênes après la réduction de cette ville en 1508. François Iᵉʳ l'envoya comme ambassadeur à Venise et à Bruxelles. Il était marié à Blanche d'Aumont, dame de Saint-Amand-en-Puisaye (non loin de Moustier), fille de Jacques et de Catherine d'Etrabonne, en Comté.

1512, il obtenait de Jeanne de Lenoncourt et de Claude de Baissey, son fils, seigneur et dame de Tilchâtel et de Bourberain, le droit d'usage dans la forêt de Velours avec le pacage pour le bétail *à l'exception des chèvres*. Cet accord fut renouvelé le 6 novembre 1520.

Au mois de janvier 1514, une enquête était poursuivie à Tilchâtel, contre Jean de Beaujeu à la requête de Claudine de Mailly. Mais Jean avait *pour ainsi dire*, à cette époque, abandonné Chazeuil, car, en 1515, il était inscrit dans le rôle des bourgeois du roi, à Auxerre, pour le faubourg de Saint-Renobert, où il possédait une maison qui fut occupée plus tard par les dames de la Providence, et, le 30 janvier 1516, il prenait à bail de l'abbaye une pièce de terre de 40 arpents pour 6 deniers tournois de cens annuel.

Cependant le bailli de Sens avait prononcé sa sentence en faveur de Jean de Beaujeu qui l'avait fait signifier à Guy de Montigny, à son domicile de Mornay-sur-Vingeanne, le 23 avril 1517. Mais appel avait été interjeté aussitôt, et l'affaire avait été portée au Parlement de Paris, après un nouveau jugement du bailli de Sens, en date du 1er avril 1519, sur requête du 3 mars précédent, au sujet des dépens. Cela n'était pas fait pour arrêter les hostilités extrajudiciaires.

Le mardi 21 août 1520, veille de la Saint-Symphorien, fête de Chazeuil, on avait, selon la coutume, allumé à la nuit, devant l'église, des feux de joie appelés *fouillères*. Les habitants étaient tous présents, et Guillaume de Beaujeu, accompagné de Catherine de Saint-Mauris, sa belle-sœur, s'était mêlé à la foule. Il aperçut alors Lamblot Gachot, sergent de Guy de Montigny, qui tenait ostensiblement sa baguette droite (1). « Qui te fait porter cette verge ainsi élevée, lui demanda-t-il ? » L'interpellé répondit « qu'il ne faisait que ce que le maire dudit sieur de Montigny lui commandait ».

« Et ledit aumonier, publiquement, patemment, et par manière de courroux, de son autorité privée arracha ladite verge audit sergent et icelle mit en pièces deçà delà, disant que le sieur de Montigny n'avait point de droit pour ce faire; et la demoiselle (2) de Beaujeu ajouta que pourrait venir le temps *qu'il la lui romprait au travers du dos.* »

Quelques jours après, le 27 août, une enquête était ouverte, et les dépositions des témoins confirmaient le fait qui dut amener de nouveaux incidents. Ce qui n'empêcha pas cependant le

____

(1) Le sergent avait une baguette blanche comme insigne de ses fonctions; mais il ne devait la porter que dans les endroits dépendant de la seigneurie à laquelle il appartenait.

(2) Les femmes des gentilshommes étaient qualifiées de demoiselles ou damoiselles. Le mot dame indiquait des droits seigneuriaux : ainsi la demoiselle de Beaujeu était dame de Chazeuil.

bailli de Sens de prononcer une nouvelle sentence en faveur de Jean de Beaujeu, le 8 janvier 1523, et le Parlement de Paris de rendre un arrêt dans le même sens, le 30 juin.

Mais Jean de Beaujeu était mort l'année précédente, et, auparavant, le 6 novembre 1520, à la suite de difficultés survenues au sujet des droits de ses hommes dans la forêt de Velours, il avait fait un nouvel arrangement avec Jeanne de Lenoncourt et Claude de Baissey, son fils, pour bien spécifier les droits dont ses sujets avaient sans doute abusé. Il fut accordé la faculté de prendre du bois pour leur usage, mais avec défense de couper ni chêne, ni hêtre, ni poirier ni pommier ni *éperonnier* (1), et surtout de *vendre ou céder aucune quantité aux autres habitants de Chazeuil, qui ne dépendaient pas de la seigneurie de Beaujeu.*

Jean de Beaujeu II en mourant laissait veuve sa seconde femme, Catherine de Saint-Mauris, de la maison de Saint-Mauris-Chastenoy en Comté, qu'il avait épousée en 1514 et qui se remaria à Guillaume de Mellingen, d'une famille relevant des barons de Montjoye. Elle était fille de Jean de Saint-Mauris, dit *Berchenet*, capitaine et gouverneur de Neufchâtel et de Lisle, seigneur

---

(1) L'éperonnier était une pièce de bois, qui, par sa forme naturelle, pouvait servir à faire un soc de charrue alors toute en bois.

d'Allenjoye, Bustal, Roye, Beaumotte, etc., et de Gilette d'Orsans (1). Elle n'eut pas de postérité. De sa première femme, N. de Montjeu (2), Jean de Beaujeu II avait eu :

(1) Généalogie de la maison de Saint-Mauris par le marquis P. de SAINT-MAURIS. L'auteur a commis une erreur en faisant naître de Catherine de Saint-Mauris les enfants de Jean II de Beaujeu. Elle n'épousa celui-ci qu'en 1514, et Philibert de Beaujeu, qui avait des frères plus âgés que lui, était déjà novice à Saint-Bénigne en 1502.

(2) C'est *pour ainsi dire* par hasard que j'ai découvert le nom de cette dame. Ses armes se trouvent dans plusieurs sceaux de son fils Philibert, évêque de Bethléem. On peut les voir encore aujourd'hui, *avec les émaux*, au musée de la Commission des Antiquités de la Côte-d'Or, dans un tableau provenant de la chapelle du château de Verrey-sous-Drée (cant. de Sombernon, arr. de Dijon) qui avait été consacrée par ce prélat. Elles sont écartelées, aux 1 et 4 : *burelé d'argent et de gueules de dix pièces ; aux 2 et 3, d'azur au sautoir d'or accompagné de quatre étoiles de même.* Philibert avait, selon la coutume, écartelé les armes de son père de celles de sa mère. Or, en dehors de François de Batailler, évêque de Bethléem, sacré le 15 juin 1664, et sur la famille duquel les renseignements manquent complètement, on ne trouve dans les armoriaux et recueils qu'une seule famille qui ait un sautoir et quatre étoiles d'or sur champ d'azur. C'est la famille d'Ostun (*de Eduâ*) qui a fourni quatre branches : de Dracy, de Chevigny, d'Arconcey et de Montjeu. Justement à cette époque, Adrien de Mailly, frère de Claudine, dame de Crecey, était marié à Claudine de Montjeu, fille de Jean. Comme on l'a vu, Claudine de Mailly était en procès avec Jean de Beaujeu, au sujet de la justice de Chazeuil, et elle avait produit un mémoire où elle disait : « Combien que par adventure Jean DE MONTJEU et Guillaume de Saint-Martin *illec* admis par ce dans la haute justice, l'auraient fait ainsi sur l'autre portion, que ce serait au-descu (à l'insu) de ladite demoiselle qui n'aurait pas été advertie..... »
Jean de Beaujeu répondait aussitôt, le 3 mai 1510, « *que les deffendeurs ne savent ce qu'ils di(s)ent, car il ne prétend pas le droit à* CAUSE DE SA FEMME, *mais à cause de sa grand'mère, femme*

1º Jean III.

2º Claude, seigneur de la Maisonfort en Nivernais, par sa femme Marie des Ulmes et qui donna naissance à la branche secondaire de la Maisonfort.

3º Philibert, novice à Saint-Bénigne en 1502, puis religieux dans cette abbaye avant de suivre à Saint-Germain d'Auxerre son oncle François qui lui confia la charge de grand-prieur, en 1522. A cette époque il fut gouverneur d'Auxerre avec

de Jean de Beaujeu, son aïeul. » Cela indique clairement que la femme de Jean II de Beaujeu était une Montjeu, fille de Jean et probablement sœur de la femme d'Adrien de Mailly. Le nom de Montjeu a été évidemment mis pour celui de Beaujeu. C'était là une erreur du procureur de Claudine de Mailly, ou de son clerc, mais cette erreur aurait passé inaperçue et n'aurait certainement pas été relevée ainsi, si le nom de Montjeu avait été sans signification.

Resterait à expliquer la présence dans les armes de Philibert de Beaujeu des étoiles d'or qui ne figurent pas dans les sceaux des Montjeu que l'on possède, tandis qu'elles se trouvent dans ceux des Ostun de Dracy et de Chevigny; mais les sceaux des Montjeu sont tous du xɪvᵉ siècle, c'est-à-dire pendant l'existence des autres branches d'Ostun, les Dracy, les Chevigny, les Arconcey. Les Montjeu ont pu reprendre les étoiles qu'ils avaient retranchées comme cadets. On doit à la vérité de dire que le plus ordinairement les cadets ajoutaient une pièce aux armes de la famille. On pourrait encore trouver une autre explication. Comme évêque de Bethléem, Philibert était grand maître de l'ordre de l'*Etoile* fondé en souvenir du *guide* des rois mages, et il aurait pu, pour cette raison, mettre des étoiles dans son écu. (Voir *Montjeu et ses seigneurs*, par l'abbé DORET et A. de MONARD, Paris; Autun, MDCCCLXXXI, p. 26-27). Pour l'ordre de Bethléem ou de l'étoile, ordre religieux, dont les membres portaient une croix sur leur cape et leur manteau, voir l'*Histoire de l'évêché de Bethléem de Clamecy*, par Louis CHEVALIER-LAGENISSIÈRE, conseiller à la cour de Dijon.

Edme Morlon, licencié en droit, et Hugues de la Faye. Il était docteur en *décret* et en théologie, et devint conseiller, aumônier ordinaire et maître des requêtes de la reine Eléonore d'Autriche, sœur de Charles-Quint et femme du roi François Ier. Abbé de Saint-Severin d'Aire et de la Fère, au duché de Guyenne, il fut désigné par Marie d'Albret, duchesse de Nevers, veuve de Charles de Clèves, pour remplacer Martin Dulcis à l'évêché de Bethléem (1). La bulle de Clément VII est du 12 septembre 1524. Il administra l'église de Langres, en 1526, pour le cardinal de Givry, et remplaça ce prélat pour consacrer l'église Saint-Michel de Dijon, le VI des Ides de décembre 1529. Il était suffragant et vicaire général de l'évêque d'Auxerre, François de Dinteville en 1530, 1531, 1534, 1535. Doyen de N.-D. de Tonnerre, en 1530, il fut nommé par le roi doyen de l'église d'A-

(1) Après la prise de Jérusalem par les chrétiens, en 1099, Godefroy de Bouillon fut proclamé roi, mais il se contenta du titre de baron du Saint-Sépulcre, ne voulant pas porter une couronne d'or dans une ville où Jésus-Christ avait porté une couronne d'épines. Il mourut l'année suivante et eut pour successeur son frère Baudoin, qui fut couronné le jour de Noël 1100, dans l'église de Bethléem. Ce fut en souvenir de son sacre que Baudoin érigea, en 1110, l'église de Bethléem en évêché. En 1224, Regnier VII, évêque de Bethléem, voyant l'impossibilité de rétablir le royaume de Jérusalem, quitta la Palestine pour prendre possession de l'église de Clamecy, fondée par Guillaume II, comte de Nevers et donnée par Guillaume IV aux évêques de Bethléem. Cette église était située dans un faubourg de la ville.

vallon, le 10 avril 1536 ; il promulgua, le 16 avril 1538, la bulle du pape Paul III pour la sécularisation de l'abbaye de Vézelay.

« Le corps de saint Martin ayant été brûlé, Dieu permit que Philibert de Beaujeu en conservât quelques reliques entre autres la mâchoire et une côte. Le dimanche 9 novembre 1539, il les remit à l'église de Clamecy dédiée à ce saint. » En 1542, il fit don à la même église d'un morceau de la vraie croix, renfermée dans un caillou du Rhin (1), ayant la forme d'une croix.

Le dimanche 3 juillet 1547, il consacrait la chapelle du château de Verrey-sous-Drée, comme l'indique un tableau portant ses armoiries et conservé maintenant au musée de la Commission des antiquités de la Côte-d'Or.

Le dimanche 1er juillet 1548, Philibert de Beaujeu assistait à Dijon à l'entrée du roi Henri II et était présent à Saint-Bénigne lorsque le roi, à genoux devant le grand autel, prêtait serment de respecter les libertés de la ville (2).

Suppléant les évêques de Langres, d'Autun et d'Auxerre, l'évêque de Bethléem était continuel-

---

(1) Cette relique existe encore. Elle fut, en 1550, placée sur une croix de bronze doré qui porte cette inscription : « R. Père en Dieu Mre Philibert de Beaujeu me fit faire : *in hoc signo vinces*. Adorez tous la vraie croix par laquelle nous avons été rachetés. »

(2) Registre des délibérations de la mairie de Dijon, 1548, p. 330 et 331.

lement occupé à faire des ordinations, bénir des cimetières, reconcilier des églises polluées par effusion du sang (1), etc.

Il mourut à la fin de l'année 1555 et fut inhumé dans sa cathédrale (2) de Clamecy. L'entrée du caveau était surmontée d'un écusson avec les armes de Philibert de Beaujeu.

Le 11 juillet 1555, avant sa mort, Philibert avait fondé un chapitre de chanoines, composé d'un doyen, d'un chantre, d'un trésorier et de trois prêtres séculiers. Les six prébendes furent approuvées le 13 juillet 1556 par l'évêque de Langres, au nom de l'abbé de Saint-Bénigne, parce que Philibert était toujours resté religieux de ce monastère.

4° Antoine, religieux de Saint-Bénigne et de Saint-Germain d'Auxerre, où il était sacristain en 1527. Le 4 septembre 1540, il figure sur la liste des religieux de Saint-Bénigne, et la même année, après la mort de son frère François, il était choisi comme vicaire, par le nouvel abbé, Louis de Lorraine, pour procéder à l'inventaire des biens et des droits de l'abbaye. Il avait aussi

____

(1) On trouvera des renseignements plus complets sur Philibert de Beaujeu dans l'*Histoire de l'évêché de Bethléem*, par M. Louis Chevalier-Lagenissière, conseiller à la cour de Dijon.

(2) Cette cathédrale était une chapelle de 18 m. de long et de 6 m. 90 de large. Elle fut vendue le 1 Thermidor an IV (19 juillet 1796) pour 1980 fr. comme bien national et est aujourd'hui une annexe d'auberge.

succédé à son frère dans l'office de chambrier de
Saint-Bénigne, et le 15 décembre 1541, il faisait
en cette qualité un traité avec Paul Maire, marchand à Dijon, pour 25 journaux de terres in-
cultes à Messigny, moyennant deux deniers par
journal, à payer le jour de la Toussaint.

JEAN III.

Jean de Béaujeu III, seigneur de Chazcuil, de
Jauge (1), de Boissenais ou Brissenai (2), de
Vincelotte (3), etc., chevalier des ordres du roi,
était appelé Jean de Beaujeu, *le jeune*, avant le
décès de son père Jean II.

En 1522, il retenait des chanoines d'Auxerre
une maison rue de la Parcheminerie, venant de
Jean Lemay, et sur laquelle le chantre en même
temps que le chapitre avait droit à un cens de
six deniers tournois. Il était alors marié à Jeanne
le Rotier, veuve de Jacques Lenormand et fille
d'Henri le Rotier (4), *valet de chambre* du roi

(1) Jauge, canton de Saint-Florentin, arr. de Tonnerre, Yonne.

(2) Brissenais, peut-être Broisserelle, canton d'Aillant, arr. de
Joigny.

(3) Vincelotte, canton de Coulange-la-Vineuse, arr. d'Auxerre.

(4) Henri le Rotier, seigneur de Bouilly, Jauge et Villefargeau,
gouverneur d'Auxerre en 1490, mourut en 1493. (L'abbé LEBEUF,
Histoire d'Auxerre, t. III, p. 369, 371). Il avait succédé à Pierre de
Chandio et eut pour successeur Hector de Sallazart, frère de Tris-
tan, archevêque de Sens, et de Louis, marié à Catherine de Beau-

Charles VIII, et de Pernette de Thiard (1).

Par arrêt du Parlement de Paris, en date du 23 mars 1523, un bailliage avait été créé à Auxerre qui dépendait auparavant du bailliage de Sens (2). Dans la séance qui eut lieu à Saint-Fargeau, le 14 octobre, à l'effet de fixer les limites de la nouvelle juridiction et de désigner les communes qui devraient en faire partie, Jean de Beaujeu, écuyer, et Jeanne le Rotier, sa femme, seigneur et dame de *Boissenai*, durent faire la déclaration de leur fief et donner leur consentement.

Cette année-là, le procès relatif à la justice de

jeu-Montcoquier ou du Colombier. Son fils Edme le Rotier, frère de Jeanne, fut aussi bailli et gouverneur d'Auxerre en 1505 et 1509. Il eut une fille, Edmée, mariée à Louis d'Etampes, seigneur de Mont-Saint-Sulpice. La mère était Marie du Lac, fille de Lancelot, chevalier, échanson du roi et gouverneur d'Auxerre. (*Société des sciences de l'Yonne*, t. III, p. 34). Un beau sceau avec la signature d'Edme le Rotier existe aux archives de la Côte-d'Or, B. 350, cote 97. Il représente un emmanché de 4 pièces.

(1) Pernette de Thiard était fille de Jean, lieutenant général du bailli, puis gouverneur, en 1474.

(2) Le bailliage de Sens était un des quatre anciens bailliages du royaume avec Vermandois, Mâcon, Saint-Pierre le Moutiers (Nevers). C'était le plus important : il s'étendait jusqu'aux portes de Gray, puisque Rigny en dépendait. Il a été démembré pour former tout ou partie des bailliages d'Auxerre (1525), de Langres (1640), et une partie de ceux de Châlons (1637), Montargis (1638).

Sens avait la même importance au point de vue religieux. L'archevêque de Sens avait, comme suffragant, l'évêque de Paris, qui ne prit le titre d'archevêque qu'à la suite d'une bulle de Grégoire XV, en 1624. L'archevêque de Sens était alors Primat des Gaules.

Chazeuil et que le père de Jean de Beaujeu avait intenté aux autres seigneurs devait prendre un nouvel essor. En vertu de lettres de *relief*, du 23 juillet, Jean avait été assigné, le 12 août, devant le Parlement de Paris, de la part de Lazare Baudot, fils de Claudine de Mailly, appelant du jugement du 30 janvier 1522, qui avait donné tort à sa mère. Jean y répondit par une assignation à *comparoir* devant le bailli de Sens, pour violation de la sentence de ce magistrat qui avait défendu au sieur Baudot de tenir jour de justice à Chazeuil. Pendant que la procédure suivait son cours, Jean de Beaujeu déjà seigneur, par sa femme, du tiers de la seigneurie de Jauge, achetait, en 1524, les deux autres tiers, dépendant de la succession de François du Breuillard (ou Brouillard). Une rente de 100 sols, établie sur cette terre, avait été donnée à l'abbaye de Pontigny (1), en 1235 et août 1240, par Gauthier de Pacy, seigneur du lieu et de Saint-Florentin. Ce détail n'avait sans doute pas été mentionné dans la vente, car il fallut aller devant le juge de Saint-Florentin qui, par sentence du lundi 19 décembre 1524, obligea le nouvel acquéreur à verser la redevance aux religieux.

Le 9 juillet 1525, Jeanne le Rotier était morte.

(1) Pontigny, canton de Ligny-le-Châtel, arr. d'Auxerre, dans une île du Serein. L'abbaye, fondée en 1114, était la 2e des quatre filles de Cîteaux.

Elle laissait, de son premier mariage, une fille, Marie Lenormand, qui entra au couvent de Saint-Julien, *d'après les conseils de ses parents et amis.* Jean de Beaujeu, son beau-père, sous la caution de François de Beaujeu, abbé de Saint-Germain, son oncle, et de Philibert de Beaujeu, évêque de Bethléem, son frère, s'engageait vis-à-vis du monastère à payer chaque année la somme de seize livres tournois, qu'il promettait d'assigner sur la justice de Chevroche (1). Il signait en même temps l'obligation de donner deux robes, deux cottes et un manteau *fourré de panne noire,* douze aunes de toile de lin pour l'accoutrement de tête, une tasse, une cuiller (2), un lit garni de *coete* (matelas), coussin, couverture et une douzaine de *linceuls* (draps), deux douzaines de nappes, une douzaine de serviettes, une douzaine de *feuilles d'étain* (assiettes), six plats, une pinte, une chopine et une aiguière (pot à eau), plus, douze livres de cire ou deux torches de six livres chacune (3).

Pendant ce temps le Parlement de Paris qui avait, le 23 janvier 1523, annulé la procédure et les actes des officiers de justice de Claudine de Mailly à Chazeuil, rendait un nouvel arrêt, le

____

(1) Chevroche, canton de Clamecy, Nièvre.

(2) Il n'y avait pas de fourchettes, car on ne connaissait pas cet instrument à cette époque. Il n'entra dans les usages qu'au xviie siècle.

(3) Arch. de l'Yonne, E. 488.

20 mars 1527, pour confirmer le premier et fixer les dépens à la somme de 244 francs.

Jean de Beaujeu était alors lieutenant du gouverneur et bailli d'Auxerre, nommé de Boissy et il venait d'épouser, le 19 décembre 1526, Gilberte de Beaurepaire (1), fille de Jean, seigneur du Chesne, avec laquelle il fut parrain, en 1529, d'une cloche qui existe encore aujourd'hui dans le clocher de l'église de Chazeuil (2). Quelques années après, le 13 août 1536, dans un acte signé de son *seing manuel* et portant *son scel et contre scel armorié de ses armes*, il donnait à la chapelle de la Conception, fondée dans l'église, 75 sols de rente et environ 40 journaux de terre,

(1) Il existait plusieurs familles du nom de Beaurepaire, mais les Beaurepaire, seigneurs du Chesne, étaient de la Champagne. Il y avait alors une localité du nom de Beaurepaire avec château, dépendant aujourd'hui de la commune de Charbuy, canton d'Aillant, arr. de Joigny, Yonne. Non loin, dans le même canton, est le village du Chêne. D'après Rietstap, les Beaurepaire de Champagne portaient : d'azur à une bague chatonnée d'or, à la bordure denchée de même.

(2) Cette cloche porte l'inscription suivante : « ☩ IHS : MA : MENTEM, SANCTAM, SPONTANEAM HONOREM DEO ET PATRIÆ LIBERATIONEM MVᶜXXIX. J. DE BEAUJEU, G. DE BEAUREPAIRE. JE SUIS FAITE PAR LES HABITANTS DE CHAZEUIL. » Après le nom de Gilberte de Beaurepaire se trouve un écusson aux armes de Beaujeu, supporté par deux sauvages. La même inscription existe sur la cloche du beffroi de Talmay qui est beaucoup plus ancienne, car elle porte la date MCCCLXXXV. On la retrouve à Ruffey-les-Echirey. Cela indique que c'était une formule consacrée; mais on n'en a pas trouvé la véritable signification.

sur lesquels il se réservait la justice et le *chapon*
avec un cens de six deniers, destiné à maintenir
ses droits, dans le cas d'abandon de ces terres.

La donation était faite moyennant l'obligation,
par le chapelain, de dire trois messes par semaine,
les mercredi, vendredi et samedi (1).

Malgré les sentences du bailli de Sens et les
arrêts du Parlement de Paris, le procès relatif à
la justice de Chazeuil n'était pas terminé. En
vertu des lettres exécutoires du 6 juillet 1527,
pour l'arrêt du 20 mars précédent, les héritiers de
Philippe Baudot et de Claudine de Mailly devaient
payer, pour leur part et portion des frais et des-
pens, la somme de 244 francs. Après avoir épuisé
tous les moyens de procédure pour ne pas s'exé-
cuter, ils avaient fini par verser un acompte
réduisant la dette à 115 fr. 12 sols 6 deniers. Le
3 juin 1542, Jean de Beaujeu obtenait des lettres
de *pareatis* (2), pour pratiquer la saisie des biens
de ses débiteurs ; et, le 17 juin Ligier Lore, sergent royal, se transportait au château de Vantoux (3) et déposait un *brandon* contre la porte,

(1) Arch. de la Côte-d'Or, E. 594. Ces biens furent vendus, le
3 août 1792, pour la somme de 3006 livres 13 sous 4 deniers.

(2) *Pareatis*, c'est-à-dire : *obéissez*, sont lettres du grand sceau
par lesquelles le roi mande au *premier* sergent ou huissier d'exécu-
ter la sentence des juges dans une province où le sceau de leur
chancellerie n'a pas autorité (C.-J. de Ferrières, doyen de la faculté
de droit de Paris, MDCCLVIII.)

(3) Vantoux, canton et arr. de Dijon.

en assignant à Fontaine (1), *au prochain marché*, et de quinzaine en quinzaine jusqu'aux
criées, pour la vente, à défaut de paiement de la
somme de 57 fr. 16 sols 3 deniers.

Le surlendemain, 19, il se présentait au château
de Blaisy (2), domicile de Jacqueline Baudot,
mariée à Claude de Rochechouart et procédait aux
mêmes formalités.

La veille, Alexandre de Saulx, seigneur de
Vantoux, mari de Philiberte Baudot, était à
Dijon, arguant de l'ignorance de sa femme et de
la sienne propre et offrant caution. Mais il re-
commençait la procédure, en formant opposition
à l'exécution de l'arrêt, car le 19 février 1543,
Jean de Beaujeu recevait signification de l'appel
et communiquait son dossier aux gens du roi.

C'était le temps où les discussions ne cessaient
que pour renaître au moindre prétexte. Le père
de Jean de Beaujeu avait obtenu, en 1512, l'usage
dans la forêt de Velours pour les habitants de
Chazeuil. En 1520, il avait de nouveau fait déterminer ce droit, qui avait été reconnu sous
certaines réserves (3). Mais des difficultés étaient
survenues et il fallait avoir recours aux lumières
des gens de loi. Le 1ᵉʳ septembre 1544, Jean de

(1) Fontaine-les-Dijon, id., sur une colline. Patrie de saint Bernard qui était de la famille noble portant le nom de cette localité.

(2) Blaisy, canton de Sombernon, arr. de Dijon.

(3) Voir page 35.

Beaujeu adressait à Odot Gachot, notaire à Chazeuil, une procuration pour suivre en son nom
le procès commencé. En vertu d'une commission
du bailli de Sens, en date du 25 novembre 1545,
une visite de la forêt était faite, le 17 janvier
1546, par un huissier du bailliage de Sens, commis à cet effet, sur requête de Jean de Beaujeu
et de ses sujets, auxquels on prétendait enlever
le droit de pâture.

Mais Jean ne devait pas voir la solution de
cette nouvelle affaire : il mourut la même année,
laissant la tutelle de ses enfants à son frère Philibert, évêque de Bethléem. Sa femme, Gilberte
de Beaurepaire, lui survécut jusqu'en 1585. Le
27 juillet 1558, elle cédait au sieur Tabourot de
Véronnes quelques terres dans ce village. Le
9 octobre 1560, elle lui cédait encore quelques
héritages. En 1564, elle abandonnait de nouveau
six soitures et demie de pré, pour lesquelles Guy
Tabourot, qualifié de conseiller secrétaire du roi,
contrôleur au Grand Conseil, rendait son hommage à Anne de Marmier, veuve de Jean de
Baissey.

Par son contrat de mariage son douaire avait
été fixé à 66 écus, rachetable par 833 écus 2/3,
et elle fut colloquée pour cette somme, lors de la
vente de Chazeuil, en 1584.

Elle avait donné à son mari les enfants suivants, tous nommés dans les pièces du procès

relatif à la justice de Chazeuil, comme étant sous la tutelle de leur oncle Philibert :

1° François, l'aîné, seigneur de Jauge, dont les descendants constituèrent le rameau de ce nom ;

2° Jean IV, le puîné, qui continua les seigneurs de Chazeuil ;

3° Philibert, novice à l'abbaye de Bèze, en 1536 (1) ;

4° Paul, seigneur de Villiers-Vineux et qui donna la branche de Villiers ;

5° Jeanne, morte jeune ;

6° Elyon, mort sans postérité ;

7° Claude, auteur de la branche des seigneurs d'Angeville, de Montréal et de Mézilles en Puisaye, qui fournira les derniers représentants de la famille ;

8° Hardy, décédé en bas âge ;

9° François, chevalier de Malte, reçu en 1566 (2).

(1) Ses parents étant mariés en 1526, il ne pouvait guère avoir alors que 6 à 7 ans au plus.

(2) VERTOT, *Histoire de l'ordre de Malte*, t. III. L'année précédente, avaient été reçus : Adrien de Pontailler et Aimé de Malain. La même année Alexandre de Mailly, d'*Arc-sur-Tille*, et François de Vienne avaient pris l'habit. En 1569 on voit Georges de Mandres de Montureux et, en 1570, Africain de Mandres. Pierre de Beaujeu-Montot fit profession en 1576.

JEAN IV

Jean de Beaujeu IV, chevalier, seigneur de Chazeuil, mestre de camp d'infanterie, maréchal des camps et armées du roi Charles IX, lieutenant au gouvernement de Marseille, chevalier de l'ordre du roi, était le fils puiné de Jean III et de Gilberte de Beaurepaire.

A la mort de son père, en 1547, il resta sous la tutelle de sa mère et de son oncle Philibert de Beaujeu, évêque de Bethléem, mais il était majeur le 31 mai 1549, car Jean de Dinteville, dans le dénombrement de Saint-Bris, déclare le fief de Choully-les-Auxerre tenu par Pierre de la Porte, conseiller du roi au Parlement de Paris et Jean de Beaujeu, seigneur de Chazeuil.

Il avait eu, comme puiné, le fief de Chazeuil et, le 12 avril 1561, il faisait cause commune avec les habitants du lieu qui s'assemblaient en sa présence et avec sa permission, au son de la cloche, pour passer un traité relatif à la possession de dix-huit cents journaux de terres labourables ayant fait partie de la forêt de Velours et enclavés dans la partie de la forêt située sur les territoires de Fontaine-Française, Bourberain, Sacquenay et Chazeuil. Jean de Baissey, chevalier, baron de Tilchâtel et seigneur de Bourberain, propriétaire de la forêt, abandonnait la jouissance de ces terres moyennant la douzième des gerbes récoltées et un sol de cens par arpent, avec faculté, dans le délai de trois ans, de racheter cette redevance à raison de 25 sols par journal.

L'année suivante, Jean de Beaujeu, qui avait embrassé la réforme, était gouverneur de Sisteron et lieutenant au gouvernement de Marseille. Le gouverneur était Claude de Savoie, comte de Tende, fils d'Anne de Lascaris, dame de Tende, et de René, grand bâtard de Savoie, enfant légitimé de Philibert de Savoie, grand père du roi François Ier. Claude de Tende avait été marié en premières noces avec Marie de Chabannes et en avait eu Honorat, comte de Sommerive, devenu son ennemi le plus acharné.

Il avait contracté un second mariage avec Françoise de Foix de Gurson, qui lui avait donné un fils, Sorrèze, plus connu sous le nom de baron de Cypières, et une fille, Anne, mariée dans la maison de Saluces (1).

Cette Françoise de Foix était la fille de Jean de Foix, comte de Gurson, vicomte de Meille et d'Anne de Villeneuve, et sa sœur, Marguerite, était mariée à Jean de Villeneuve, seigneur de Tourette, dont la fille Marthe épousa Jean de

____

(1) Elle épousa ensuite Antoine de Clermont d'Amboise dont la nièce, Françoise de Clermont, devint la femme d'Alexandre de Beaujeu, fils de Jean.

Beaujeu (1). Cette alliance jetait sur le nom de Beaujeu une illustration extraordinaire, puisque par elle Jean se trouvait apparenté aux maisons de France et de Savoie (2).

Le comte de Tende était devenu suspect à la

(1) Les frères HAAG, « *la France protestante,* » ont dit avec BÈZE et de THOU, « *Hist. universelle,* t. IV, liv. XXXI, p. 310 », que Jean de Beaujeu était le neveu de Claude de Savoie, *étant fils de sa sœur.* Jean de Beaujeu était bien le neveu du comte de Tende, mais par sa femme, Marthe de Villeneuve, fille d'une sœur de la dernière comtesse de Tende. Voici le texte de de Thou : « le comte de Tende avait envoyé onze enseignes dont il avait donné le commandement à Beaujeu, *fils de sa sœur*, d'une illustre maison de Bour-« gogne, et très brave capitaine. »

(2) Marthe de Villeneuve, femme de Jean de Beaujeu, avait pour mère Marguerite de Foix, alliée aux maisons de France et de Navarre. Gaston IV de Foix avait épousé, en 1434, Eléonore, reine de Navarre, dont Gaston V marié, le 11 février 1461, à Madeleine de France, fille du roi Charles VII et de Marie d'Anjou. Leur fils, François-Phœbus, roi de Navarre, étant mort sans enfants, sa sœur Catherine épousa Jean d'Albret, en 1484. Jean d'Albret et Cathe-rine de Navarre eurent, entre autres enfants, Henri II d'Albret, roi de Navarre, marié en 1527 à Marguerite d'Orléans-Angoulême, sœur du roi François I, et qui fut le père de Jeanne d'Albret, mère d'Henri IV. Jean de Foix, fils de Gaston IV et d'Eléonore, reine de Navarre, épousa Marie d'Orléans, sœur de Louis XII, et en eut Gaston de Foix, duc de Nemours, tué à la bataille de Ravenne, à 24 ans, en 1512.

Le 5e enfant de Gaston IV fut Marie, première femme du marquis de Montferrat. Le 6e, Jeanne, devint la femme de Jean V, comte d'Armagnac. Le 7e, Marguerite, deuxième femme de François II, duc de Bretagne, mort en 1487, était la mère d'Anne de Bretagne, reine de France, épouse de Charles VIII et ensuite de Louis XII. Aussi Jean de Foix, comte de Meille, comte de Gurson, le grand-père de Marthe de Villeneuve, portait, *comme parent,* un des coins du *poêle* aux funérailles d'Anne de Bretagne, en 1513.

L'arrière-petit-fils du frère de Marguerite de Foix, mère de

cour, sans qu'on osât toutefois lui enlever son gouvernement de Provence. On craignait de mortifier un homme que la maison royale reconnaissait pour son allié. On crut qu'il suffirait de lui associer quelqu'un dont le zèle pour la vraie religion balancerait ses sentiments trop prononcés pour la réforme, et on lui envoya son fils Honorat, comte de Sommerive. Mais, outre la différence d'opinion religieuse, une inimitié personnelle divisait le père et le fils, et une rupture devait fatalement éclater. Sommerive leva alors des troupes et marcha contre son père ; il le poursuivit avec l'acharnement d'un ennemi inconciliable. Il le chassa de poste en poste jusqu'à Sisteron (1), et le malheureux vieillard se réfugia avec le reste de sa famille dans ce dernier asile du protestantisme du côté des Alpes. Il avait avec lui 4000 hommes d'infanterie et 500 cavaliers et des lieutenants aguerris parmi lesquels un Villeneuve (d'Espinouse), Claude et Henri de Grasse, dont la mère était de la maison de Foix : alliance

Marthe de Villeneuve, J.-B. Gaston de Foix, comte de Fleix, général pour le roi en Bourgogne et gouverneur de Mâcon, avait épousé Marie-Claire de Bauffremont, marquise de Sennecey, 1re dame d'honneur de la reine Anne d'Autriche, mère de Louis XIV. Elle était fille d'Henri de Bauffremont et de Marie de la Rochefoucaud, comtesse de Randan, gouvernante de Louis XIV.

(1) Sisteron, chef-lieu d'arrondissement, Basses-Alpes. J'ai consulté avec fruit l'*Histoire de Sisteron*, par E. de LAPLANE, Digne, 1843, que M. le maire de la ville a bien voulu mettre à ma disposition.

qui peut servir à expliquer leur présence dans les rangs de la réforme.

Le comte de Tende ne jugeant pas à propos de s'enfermer dans Sisteron, sortit avec quelques troupes et laissa le commandement de la ville à Jean de Beaujeu. Le poste était périlleux car la ville n'avait que de vieilles murailles en ruines et d'anciennes tours sans bastions, et pour toute artillerie Beaujeu ne trouva qu'une dizaine de fauconneaux. Quant aux vivres, ils étaient en petite quantité, car le siège n'avait pas été prévu.

Sommerive, arrivé devant la ville, fit immédiatement usage de son artilllerie, et sur le soir du 11 juillet, une partie des remparts s'étant écroulée, on résolut de tenter l'assaut. Mais auparavant, sommation fut faite à la garnison d'avoir à se rendre à composition. Bravant la menace, Jean de Beaujeu répondit que « jusqu'à son dernier soupir, il défendrait une ville confiée à son honneur. » L'assaut fut alors ordonné, mais après trois attaques infructueuses, la nuit sépara les combattants. Beaujeu avait fait merveille (1). Electrisés par son exemple, les assiégés se mirent à l'œuvre, et le lendemain, les murs n'offraient plus trace des ravages de la veille (2).

(1) De Thou, loc. cit., p. 313.
(2) C'est à ce siège que Lesdiguières fit ses premières armes, à 19 ans. « Voilà, dit Beaujeu, un jeune gentilhomme qui fera des « merveilles ; s'il vit, il fera parler de lui ». — Lesdiguières devint en effet maréchal de France.

Sommerive, au comble de la surprise, renonça alors à continuer les opérations et se retira : ce qui permit au comte de Tende de rentrer dans la ville. C'est alors qu'on amena à Jean de Beaujeu un soldat catholique nommé Bourquenègre, brave mais perdu de réputation pour ses crimes et ses vices. Sur la plainte de plusieurs femmes qu'il avait outragées, Beaujeu, qui ne tolérait pas l'inconduite et la violence dans ses propres troupes, le fit étrangler par le valet qu'on avait pris avec lui (1).

Sommerive, ayant reçu des renforts, revint vers Sisteron regardé comme le rempart des protestants de ce côté. Mais, le 19 mars 1563, parut un édit de pacification, et Biron fut envoyé en Provence. Jean de Beaujeu fut désigné comme gouverneur, mais il dut bientôt abandonner son poste. Il y revint en 1567 avec Cypières, Valavoire, René de Savoie, frère du comte de Sommerive, devenu gouverneur de Provence à la mort de son père, arrivée le 23 avril 1566. Cypières l'installa même comme gouverneur de la ville, mais appelé ailleurs au bout de quelques jours, il laissa le commandement à Valavoire.

L'année suivante il était revenu dans l'Auxerrois, et, le 24 novembre 1568, par devant Mᵉ Léonard, notaire à Clamecy, il passait le bail

(1) De Thou, t. III, p. 239.

d'une maison au faubourg de Bethléem, et provenant sans doute de son oncle Philibert.

D'après la généalogie dressée par d'Hozier, Jean de Beaujeu fut *tué* en 1572. Fut-il une des victimes de la Saint-Barthélemy (1) ? Cela est fort possible et même probable. Sa brillante conduite dans la défense de Sisteron, l'autorité qu'il avait su acquérir dans le parti de la réforme le désignaient aux coups des fanatiques, et il avait dû accourir auprès de l'amiral Coligny (2), lorsqu'il fut blessé, le 22 août, d'un coup d'arquebuse.

Jean de Beaujeu avait épousé Marthe de Villeneuve, fille de Jean, seigneur de Tourette en Provence, et de Marguerite de Foix de Gurson (3). Elle survécut à son mari jusqu'en 1604.

Elle avait son douaire établi sur la seigneurie

(1) S'il avait été tué sur un champ de bataille, d'Hozier n'eût pas manqué de citer le siège ou le combat où il avait trouvé la mort. Faisant son travail en 1670, sous Louis XIV, il n'a pas voulu rappeler les massacres de la Saint-Barthélemy, alors que les Beaujeu étaient rentrés dans la religion catholique, comme la plupart des gentilshommes.

(2) On avait invité, de par le roi, les seigneurs protestants à se réunir autour de l'amiral, sous prétexte de le garder, mais en réalité afin de les avoir sous la main, pour le massacre projeté, qui eut lieu deux jours après, le dimanche 24.

(3) Marguerite était le quatrième enfant de Jean de Foix et d'Anne de Villeneuve, fille de Louis Ier, marquis de Trans et enterré à Draguignan. Sa sœur Marthe était mariée, par contrat du 9 mars 1535, à Claude de Grasse, fille de Jacques et de Sibille de Quiqueran-Beaujeu (ANSELME, t. III, p. 387, *Histoire généalogique de la maison de France et des grands officiers de la couronne*).

de Chazeuil, et une sentence du bailliage de Langres, du 15 mai 1584, avait fixé à un septième et demi la part réservée dans ce but et qui fut distraite lors de l'adjudication tranchée, au mois de décembre de cette année, au profit de Charles d'Escars, évêque de Langres. Mais des difficultés étaient survenues, et, le 20 mai 1587, Marthe se présentait à la maison épiscopale à Langres, à 9 heures du matin, pour transiger et arriver à un accord avec l'évêque, au sujet de leurs droits respectifs et notamment de l'exercice commun de la justice. Il fut alors convenu que les procureurs des deux parties opéreraient simultanément « sans rien pouvoir faire l'un sans l'autre. Le greffe serait mis en adjudication et Marthe de Villeneuve aurait la jouissance du septième et demi du produit, comme de la mairie et de toutes autres choses indivises, non comprise la maison de Christophe de Beaujeu, fils de François (1) ».

Elle avait donné à son mari les enfants suivants :

1° Alexandre ;

2° Françoise de Beaujeu, veuve en 1598 de Pons Nicolaï de Soisson (2), et dont la fille unique, Madeleine Nicolaï de Soisson, fut mariée à Jean

____

(1) Arch. de la Côte-d'Or, E. 1375.

(2) Les Nicolaï du Dauphiné et de Provence portaient d'azur à la fasce d'argent accompagnée de 3 étoiles d'or. Ils ne doivent pas être confondus avec les Nicolaï qui donnèrent successivement neuf premiers présidents à la Chambre des comptes de Paris, de 1505 à 1750.

de Brunel (1), seigneur de Rhodet, qui, le 2 avril 1629, vendait pour douze vingt (240) livres, à Jean d'Amanzé, héritier de son oncle Charles d'Escars, tous les droits de sa femme dans la succession de Marthe de Villeneuve, sa grand-mère, sous réserve du droit de retrait lignager (2) en faveur de Françoise d'Amboise, veuve d'Alexandre de Beaujeu et des enfants nés de son défunt fils.

3° Anne de Beaujeu, mariée, par contrat du 25 novembre 1586, à Guillaume de Vassan (3), seigneur de Remimesnil et de Crespy, homme d'armes de la compagnie du marquis de Pont, fils

(1) Les Brunel avaient des biens à Perrigny-les-Auxerre (Arch. de l'Yonne, H, 1162) ; au xviie siècle, ils habitent Serbonnes, arr. de Sens, canton de Sergine, et deviennent Brunel de Serbonnes. Ils étaient du Dauphiné où ils possédaient Saint-Maurice et Rhodet (La Chesnaye-Desbois, t. III). Les Brunel portaient : d'or au lion de sable, à la fasce de gueules chargée de cinq coquilles d'argent brochant sur le tout.

(2) Le retrait lignager était le droit réservé aux membres de la famille de reprendre les biens vendus, en remboursant le prix d'achat : il est bien dit dans le procès-verbal de vente : « et au cas que demoiselle Françoise d'Amboise, veuve de feu noble Alexandre de Beaujeu... voulussent avoir le droit sus-vendu, le dit sieur d'Escars serait tenu de le remettre pour le prix ci-dessus, sur la signification à lui faite. » (Arch. de la Côte-d'Or, E. 1375.)

(3) Vassan, originaire du Soissonnais, portaient d'azur au chevron d'or, accompagné en chef de deux roses d'argent et en pointe d'une coquille de même. (*Société Acad. de l'Aube*, t. LXIII, p. 151.) Jean de Vassan habitait Brienne-le-Château en 1550 : ses descendants devinrent plus tard seigneurs de Crespy, qui est dans l'arr. de Bar-sur-Aube. (Voir aussi d'Hozier, t. II, p. 608.)

du duc de Lorraine, en 1563, puis gentilhomme ordinaire de la chambre de Mgr le duc d'Orléans, par lettre de retenue du 27 février 1583.

4° Isabelle de Beaujeu, morte en 1594, laissant de N. de Larnage (1) en Dauphiné, son mari, une fille, Lucrèce, épouse de Claude de Brunel, frère de Jean, marié à Madeleine Nicolaï de Soisson, fille de Françoise de Beaujeu. Aussi vendait-il, en même temps que Jean de Brunel, à Jean d'Amanzé d'Escars, les droits de sa femme dans la terre de Chazeuil, du chef de Marthe de Villeneuve (2).

5° Scipion de Beaujeu, seigneur de la Tuilerie, marié à Jeanne de Noirefontaine (3), fille de Jean, seigneur du Buisson, et de Jeanne de Tournebulle, et dont il eut Jean de Beaujeu, chanoine à Toul et Anne de Beaujeu qui épousait, le 12 mai 1627, Joachim de Minette, seigneur de Bassignan, duquel la postérité encore existante aujourd'hui a relevé le nom et les armes de Beaujeu (4).

---

(1) Larnage, cant. de Tain, arr. de Valence, Drôme. La famille est éteinte et n'a aucun lien avec les Larnage d'aujourd'hui dont le nom est Brunier de Larnage, et qui habitent la Lorraine.

(2) Le douaire était la portion de ses biens que le mari laissait à sa femme, en cas de survivance de cette dernière. L'article 3 de la coutume de Bourgogne fixe le douaire de la femme à la moitié *des anciens héritages du mari*, dans la noblesse, et au tiers seulement, dans la bourgeoisie.

(3) La famille de Noirefontaine, originaire du Soissonnais et établie en Champagne, portait de gueules à 3 étriers d'or.

(4) Malgré plusieurs tentatives je n'ai pu savoir si cette famille possédait des documents sur la maison de Beaujeu-sur-Saône.

Scipion était témoin avec son frère Alexandre, le 12 juin 1606, à Villiers-Vineux, de la transaction survenue entre Jean de Beaujeu, seigneur de Jauge, son cousin, et Catherine de Saint-Blaise, d'une part, et Louis de Saint-Blaise, au sujet de la dot de Catherine.

Il était qualifié de seigneur d'Arentières dans l'acte par lequel, le 7 avril 1604, il cédait à Alexandre de Rougemont *la huitième partie du septième et demi* de la seigneurie de Chazeuil, pour le prix de 600 fr.

6° Lucrèce de Beaujeu, mariée à Claude de Blosset (1), écuyer, seigneur de Rouxy-Fortvieux et demeurant à Corvol-l'Orgueilleux en Niver-

---

(1) Blosset, famille du Nivernais qui portait écartelé aux 1 et 4 : de gueules à 3 molettes d'argent ; aux 2 et 3 : palé d'or et d'azur de six pièces, au chef de gueules chargé d'une fasce vivrée d'argent. Rogerin Blosset était maître d'hôtel de Louis XI, alors qu'il n'était que Dauphin (Tuetey, *les Ecorcheurs sous Charles VII*, p. 158). Jean de Blosset était gouverneur de Dijon en 1477. Charles Blosset, seigneur de Saint-Maurice, était lieutenant de Jean Rapine, gouverneur d'Auxerre, en 1477. pour le roi Louis XI. Nicolas Blosset était, en 1507, seigneur de Saint-Maurice (Lebeuf, *Hist. d'Auxerre*, t. III, p. 353 et 380). Louis Blosset, dit le bègue, seigneur de Fleury (Yonne, cant. d'Aillant) avait embrassé la réforme : il défendit Vezelay contre les catholiques, en 1572 et refusa de rendre Clamecy à Mayenne en 1596 (Challes, *Guerres de religion*, t. I, p. 329). En 1598, Philippe de Blosset, écuyer, faisait hommage pour partie de Saint-Verain. Une alliance avait déjà eu lieu au commencement du xvi⁰ siècle. Marie des Ulmes, mariée à Claude de Beaujeu, fils de Jean II, et qui fut seigneur de la Maisonfort en Nivernais, avait pour mère Christine de Blosset. Paul de Blosset était ambassadeur à Londres en 1744 (*Annuaire de l'Yonne*, 1852, page 345).

nais, avec lequel, le 10 février 1604, elle vendait à Alexandre de Rougemont, écuyer, seigneur de Broindon, un septième (*les huit faisant le tout*) d'un septième et demi de la terre de Chazeuil, et consistant en 25 journaux de terre et 7 ouvrées de vignes, indépendamment des droits seigneuriaux, pour le prix de 230 fr. payable en *ducats*, *testons* et autres bonnes monnaies, moitié comptant, moitié le 15 août suivant. La ratification par Lucrèce eut lieu à Tilchâtel, le 3 septembre 1604.

7° Marguerite de Beaujeu, épouse de Claude de Denié, seigneur de Chanteloup en Nivernais, dont elle était veuve en 1604, car, le 10 février, elle cédait aussi à A. de Rougemont (1), avec l'autorisation de son beau-père Jean de Denié, sa part de Chazeuil, pour 230 francs.

(1) Alexandre de Rougemont descendait d'un bâtard des Rougemont qui étaient arrivés à Tilchâtel au xiv⁰ siècle, par un double mariage avec les héritières de cette seigneurie (voir 2ᵉ partie, p. 25). Ses descendants possédaient la *gruerie* ou administration des forêts de la baronnie de Tilchâtel. Alexandre fit sa reprise de fief le 15 janvier 1605. Après avoir donné le détail de son acquisition, il se déclare prêt à servir son seigneur « avec ses armes et ses chevaux toutes fois qu'il aura besoin de lui, pourvu que ce ne soit contre sa majesté le Roy... » et ensuite en signe de grande reconnaissance, *il baise la chaîne du pont-levis du donjon.* (Arch. de la Côte-d'Or, E. 1973, original sur parchemin.)

ALEXANDRE

Alexandre, comte de Beaujeu, seigneur de Chazeuil par son père, de Chambroncourt, Epizon, Grand, etc., par sa femme Françoise d'Amboise, fut capitaine d'une compagnie de chevau-légers pour le service du roi Henri IV.

Il était fils aîné de Jean IV et de Marthe de Villeneuve. Il paraît, en 1584, dans la procédure relative à la vente de Chazeuil, et sa portion, comme celle de son frère Scipion et le douaire de sa mère, est estimée à un septième et demi de la totalité de la seigneurie (1), et est réservée dans l'adjudication prononcée en faveur de Charles d'Escars, évêque de Langres, le 12 décembre 1584. On le trouve encore dans le procès pendant, au sujet de la forêt de Velours, entre les seigneurs de Tilchâtel et les habitants de Chazeuil et des villages voisins, en 1586.

Alexandre, élevé dans la religion réformée que son père et sa mère avaient embrassée, était dans les troupes protestantes avec son oncle, Paul de Beaujeu (2), seigneur de Villiers-Vineux, qu'il

(1) La portion dite de Beaujeu, à Chazeuil, comprenait 160 habitants contre une douzaine pour les deux autres seigneuries. Le septième et demi représentait donc une valeur sérieuse, puisque la part de chaque enfant, et ils étaient sept, pouvait-être vendue 238 fr. et même davantage (voir p. 60).

(2) Dans les mémoires de la Huguerie, t. III, p. 104, il est dit

suivait dans ses campagnes. A la tête d'une compagnie de chevau-légers, il prit part à l'expédition des réformés allemands en Suisse, en Lorraine et dans l'Orléanais, pendant l'automne de 1587. Peu après, lors de l'invasion du comté de Montbéliard par les Guises, en janvier 1588, il commandait cinquante lanciers, sous les ordres de son oncle qui l'envoya ensuite en mission auprès du duc Casimir de Bavière, pour l'engager à reprendre les armes et à venir à son aide. Mais il échoua dans son ambassade.

A l'avènement d'Henri IV, il fut naturellement en faveur et servit dans ses troupes comme capitaine de chevau-légers.

Le 5 avril 1598, par un édit donné à Nantes, Henri IV accordait aux protestants la liberté de leur culte. Le 12 mai, la paix était signée à Vervins entre la France et l'Espagne. C'était la cessation des hostilités officielles, mais cela n'empêchait pas les aventuriers des deux partis de courir sur le pays voisin et de se livrer à des pillages, sous le commandement de capitaines appartenant le plus souvent à des familles de gentilshommes, mais cachant leur personnalité sous des noms de guerre. Les garnisons françaises s'élançaient de la Champagne et de la Lorraine

frère de Paul, mais c'est une erreur. Les frères de Paul étaient morts, Jean, père d'Alexandre, en 1572 et François en 1579. Du reste, la Huguerie l'appelle : « le jeune Beaujeu ».

sur le comté de Bourgogne, comme celles de cette province se répandaient dans le Bassigny.

Le 6 septembre 1590, le village de Magny-d'Anigon (1) avait reçu la visite d'un parti de catholiques venu « de Châtillon-sur-Saône près Jouvelle (2). Ils s'étaient introduits dans le temple, l'épée à la main, l'arquebuse au bras, en criant : tue ! tue !... Après s'être saisi de Pierre Faivre, le pasteur de Clairegoutte, et lui avoir arraché la barbe, ils l'avaient emmené prisonnier avec le maître d'école et treize autres habitants, qui ne furent élargis qu'en payant une forte rançon (3). »

On était alors en guerre : mais en pleine paix, le 23 novembre 1605, ce furent les calvinistes qui renouvelèrent cette scène de brigandage, et dans des circonstances plus extraordinaires (4).

---

(1) Magny-d'Anigon, canton et arr. de Lure. Frédéric de Wurtemberg, comte de Montbéliard, en avait donné, en 1588, la jouissance à Paul de Beaujeu, l'oncle d'Alexandre, et il y était mort au mois de mai précédent.

(2) Châtillon-sur-Saône, canton de Lamarche. arr. de Neufchateau, Vosges, dépendait alors de la prévôté de Jussey.

(3) Hist. du comté de Montbéliard, par P. E. TUEFFERT, *Bulletin de la Société d'Emulation de Montbéliard*, 1877, p. 456.

(4) Cette année-là, le désordre régnait un peu partout. Sous l'influence du duc de Bouillon, les protestants s'agitaient au midi comme au nord, car le moment approchait où ils devaient rendre les places de sûreté qui leur avaient été données en garde. A Paris même, « il y eut force meurtres, assassinats, excès ; dix-neuf ont « été trouvés avoir été tués dans le même mois, dont on n'a pu « découvrir les meurtriers. » Journal de Pierre de l'Estoile.

Environ 200 cavaliers, commandés par les comtes
de Beaujeu et d'Amboise, vinrent fondre du château de Richecourt (1) près Jussey, sur l'abbaye
de Luxeuil. Leur tentative contre la ville ayant
échoué, car les bourgeois avaient eu le temps de
lever les ponts-levis et de fermer les portes, ils
se dirigèrent sur le château de Baudoncourt dépendant du monastère et où se trouvait l'abbé,
Antoine de la Baume Saint-Amour, qui n'avait
avec lui qu'une faible garnison. Le prélat fait
prisonnier fut d'abord conduit au château de
Dammartin (2), appartenant à Marc de Coligny,
fils de Gabrielle de Dinteville et de Philibert de
Coligny, cousin de l'amiral, puis dans celui
d'Aigremont (3). On ne lui rendit la liberté que
moyennant le versement de cinq mille écus d'or
que son intendant, Claude Clément, prêtre et
prieur de Saint-Lothain, se procura en s'adres-
sant aux villages dépendant de l'abbaye et en
leur hypothéquant tous les biens meubles et immeubles de l'abbé (4).

Les archiducs Albert et Isabelle, souverains de
la Franche-Comté, s'étaient émus de cet attentat,

(1) Richecourt, dépendance d'Aisey, canton de Jussey, possédait
un château important bâti par Foulques de Rigny au xiiie siècle.

(2) Dammartin, canton de Montigny, arr. de Langres, Haute-
Marne.

(3) Aigremont, canton de Bourmont, arr. de Chaumont.

(4) Arch. de Luxeuil, J. J. 2. Publié par J. Finot dans le *Bulletin de la Société de Vesoul*, 1877, p. 70.

et le 7 septembre 1606, « le sieur de Beaujeu, *autrement dit le capitaine Lapierre*, le sieur de *Chazeuil* (1), son frère, le sieur d'Amboise, le sieur de Lambrey, le sieur de Salnove (2), le sieur de Lénoncourt, de Montcier frères et le sieur de Cercey (3), *défendeurs contumaces*, étaient condamnés à quatre mille, huit mille, seize mille livres, total *308 mille livres d'amende* (4).

Alexandre, non plus que ses complices, ne parut pas s'inquiéter beaucoup de cette condamnation. Le 22 juin 1606, à Villiers-Vineux, il assistait comme témoin, avec son frère Scipion, à une transaction entre son cousin Jean de Beaujeu, seigneur de Jauge et Catherine de Saint-Blaise, sa femme, d'une part, et Louis de Saint-Blaise, frère de Catherine, au sujet de la dot de celle-ci et de l'héritage d'Hector de Saint-Blaise, son père, seigneur de Pouy.

Entre temps, il continuait à tenir la campagne sur la frontière de la Franche-Comté, en faisant autant de mal aux amis qu'aux ennemis. C'est ce qu'il avouait lui-même dans une lettre écrite de sa main et adressée en 1615 aux maire et

(1) Scipion, qui avait encore sa part de Chazeuil.

(2) Le comte de Salnove était issu de Simon, 2ᵉ fils du président Hugues Marmier, et qui avait épousé N. de Montarsier, en Savoie.

(3) Le sieur de Cercey était un la Rochette dont le fils César épousa, en 1617, Marguerite de Beaujeu, fille d'Alexandre (voir p. 309).

(4) Arch. du Doubs, B. 1301.

échevins de Langres, qui se plaignaient du dommage causé par ses troupes.

> « A messieurs les mayres et échevins de la
> « ville de Langres.

> « Messieurs, c'est à mon grand regret qu'il
> « faille que je tienne la campaigne ou de vray
> « *nous ne faisons que du dommage.* Je m'en
> « vas droit à Aygremont ou aulx envyrons. De
> « la j'attendré le commandement du roi par Mon-
> « sieur d'Andelot (1), et pour les plaintes dont
> « vous me parlés je seray fort ayse que vous
> « soiez véritablement informé quy les a commis
> « affin que vous en donniez le blâme à ceux
> « qu'il est dheu (dû). Ce n'est pas que je veuille
> « dire que nous portons grand proffit ou nous
> « passons, mais ce qui vient à ma connaissance,
> « je puis dire y mettre assez bon ordre. Je n'ay
> « point approché vostre ville de trois lieues
> « comme je l'avais promis a lesné du Cerf qui
> « m'en pria de vostre part. Je vouldrais, en
> « meilleure occasion, vous donner des effects de
> « mon affection estant de (puis) longtens comme
> « je suis encore,

> « Messieurs, votre très humble serviteur (2). »

Alexandre de Beaujeu était en discussion avec

---

(1) Charles de Coligny, marquis d'Andelot, fils de l'amiral et de Charlotte de Laval, était lieutenant-général en Champagne. Il mourut en 1636.

(2) Arch. de Langres, 691. Scellé de deux petits sceaux plaqués de 0^m,012, en cire rouge, bien intacts et portant burellé de dix pièces.

ses cohéritiers pour la succession d'Antoine de Croy, oncle de sa femme, et un arrangement avait été tenté le 4 novembre 1622, mais il n'eut pas de suite.

Alexandre de Beaujeu était mort en 1629, car, le 2 avril, le droit de retrait lignager était réservé pour sa veuve et ses enfants, dans la vente faite par ses beaux-frères, à Charles d'Amanzé d'Escars, de leur part dans la seigneurie de Chazeuil (1). Mais la veuve ne profita pas de ce droit, et le 25 juin suivant elle abandonnait elle-même, en son nom et au nom de ses enfants, ce qui pouvait leur revenir à Chazeuil du douaire de Marthe de Villeneuve, sa belle-mère (2).

Quoique élevé dans le calvinisme, Alexandre dut abjurer d'assez bonne heure, car ses enfants furent de fervents catholiques. Un de ses fils était chevalier de Malte et cinq de ses filles devinrent religieuses à l'abbaye de Benoitevaux.

Il avait épousé Françoise de Clermont d'Amboise, fille d'Antoine *le jeune*, baron de la Fauche et de Charlotte de Miremont. Elle lui avait apporté en dot les seigneuries de Chambroncourt, d'Epizon et de Grand (3). Ce brillant mariage fut

(1) Voir page 57.
(2) Arch. de la Côte-d'Or, E. 1973.
(3) Chambroncourt, canton de Saint-Belin, et Epizon, canton de Poisson, arr. de Chaumont, Haute-Marne, dépendaient du marquisat de Reynel.

sans doute facilité par la conformité d'opinion religieuse, car Antoine de Clermont était aussi huguenot, mais il dut être préparé par le mariage d'Anne de Savoie, fille du comte de Tende et cousin germain de Marthe de Villeneuve, mère d'Alexandre, avec Antoine de Clermont *l'aîné*, oncle de la future.

Le père de Françoise avait un frère consanguin, un frère germain et un frère utérin.

Le premier, Thomas de Clermont, né du premier mariage de son père, René de Clermont, avec Philiberte de Goux (1), dite de Rupt, fille de Jean, baron de Rupt, *souverain de Delain*, grand chambellan de l'empereur Charles-Quint, et de Catherine de Vienne.

Le frère germain d'Antoine de Clermont, Antoine *l'aîné*, signala sa valeur dans le parti protestant et fut tué, à la Saint-Barthélemy, par son cousin de Bussy, son compétiteur pour le marquisat de Reynel (2). Il était marié à Jeanne de Longuejoue, dont Louis I, marquis de Reynel,

(1) La famille de Rupt était branche cadette de celle de Pesmes. C'est par Philiberte de Rupt que Thomas de Clermont et après lui Hardouin, étaient seigneurs de Delain et recevaient l'hommage des seigneurs de Beaujeu de la branche de Montot.

(2) Le marquisat de Reynel avait été érigé pour Antoine de Croy, et après sa mort il arriva à Antoine de Clermont. Après la Saint-Barthélemy Bussy se le fit adjuger, mais il retourna par la suite aux héritiers d'Antoine.

bailli de Chaumont, père de Louis II, marié à Diane de Pontailler (1).

Le frère utérin, Antoine de Croy, étant mort sans enfants de Catherine de Clèves (2), sa succession fut réclamée en partie par Alexandre de Beaujeu et ensuite par ses enfants et petits enfants.

Par son mariage, Alexandre entrait dans une des familles les plus illustres de France (3). Des oncles de sa femme, Georges d'Amboise avait été cardinal archevêque de Rouen, Jean,

(1) Diane de Pontailler était fille de Louis de Pontailler, baron de Talmay, et d'Anne de Vergy, sœur de Clériadus de Vergy, dernier représentant de cette illustre famille et mort au château de Champlitte, en novembre 1630. Le sixième enfant de Diane de Pontailler et de Louis II de Clermont d'Amboise, François, comte de Reynel et de Champlitte, fut marié à Anne de la Rochette, issue du mariage de César de la Rochette et de Marguerite de Beaujeu, fille d'Alexandre de Beaujeu et de Françoise de Clermont d'Amboise. François de Clermont et Anne de la Rochette étaient par conséquent cousins issus de germains.

(2) Catherine de Clèves, comtesse d'Eu, veuve sans enfants d'Antoine de Croy, épousa en secondes noces Henri de Guise, *le balafré*, de la maison de Lorraine, et lui donna quinze enfants.

(3) Les Clermont d'Amboise étaient alliés aux plus grands noms du royaume : Châlon, Beaujeu-Forez, Bourgogne, Choiseul, Bauffremont, Pontailler, Vergy, Toulonjon, Harlay, Chiverny, Larochefoucaud, Lévis, Beauvau, Albret, Chevreuse. Par Antoine de Croy, prince de Porcien, des relations de parenté allaient s'établir avec les Clèves, Lorraine-Guise, Châteaubriand, Ligne, Aremberg, etc. sans compter les princes de Chimay, les ducs d'Aerschot, et aussi les maisons souveraines de Brunswick, Bavière, Nassau, Wurtemberg, etc. Les de Croy comptaient 20 chevaliers de la Toison d'or. Charles de Croy, créé prince de Chimay par l'empereur Maximilien, et

évêque de Langres, Geoffroy abbé de Cluny. Emery d'Amboise, 40ᵉ grand maître de Rhodes, était mort le 13 novembre 1512.

Alexandre de Beaujeu avait eu de Françoise de Clermont d'Amboise les enfants suivants :

1º Antoine ;

2º Scipion, premier écuyer et maître d'hôtel du duc de Lorraine, mort sans alliance ;

3º Jean de Beaujeu, reçu chevalier de Malte, le 17 mai 1623, et tué capitaine au régiment de Gacé, devant Sainte-Menehould, en 1653 ;

4º Marguerite de Beaujeu, mariée, le 8 août 1617, à César de la Rochette (1), seigneur de

marié à Louise d'Albret, avait tenu Charles-Quint sur les fonts baptismaux. Son frère Guillaume de Croy, duc de Soria, avait été gouverneur de ce prince. Un autre Guillaume de Croy était cardinal à 23 ans, nommé par Léon X sur la prière de Charles-Quint : c'était le frère d'Antoine de Croy. Adrien de Croy, premier gentilhomme et maître d'hôtel de Charles-Quint, avait été envoyé par ce prince auprès du connétable de Bourbon pour le détacher de l'alliance française en 1523.

(1) La Rochette était une famille qui portait de gueules à trois quintefeuilles d'argent (LA CHESNAYE-DESBOIS). Les Vergy portaient de gueules à trois quintefeuilles d'or. Cela pourrait faire supposer une parenté, mais rien ne vient la démontrer. Les La Rochette remontaient à Jean de la Rochette qui reçut de saint Louis la garde de la châtellenie de Nogent-le-Roi. Il avait épousé Jeanne de Semoutier dont il eut Gérard qui lui succéda. Roch I, fils de Gérard, laissa François qui fut marié à Charlotte d'Anglure en 1350. Jean de la Rochette était abbé de Bèze en 1381. En 1423, Oudot-Pierre de la Rochette tenait un fief à Saint-Maurice près de Langres, relevant de Thibaut de Neufchâtel et d'Agnès de Montbéliard, à cause de leur seigneurie du Fay (Arch de la Côte-d'Or, B. 10564). Au commencement des guerres de religion, Roch II de la Rochette

Sercey, dont elle eut deux filles, Anne et Françoise de la Rochette, celle-ci religieuse à Benoitevaux. Anne de la Rochette, par contrat passé à
Mandres, devant l'église, le 17 septembre 1674,
épousait François de Clermont d'Amboise, chevalier, comte de Reynel et *de Champlitte*, seigneur de Colombey-la-Fosse, etc. (1), fils de haut
et puissant seigneur Louis II de Clermont
d'Amboise, chevalier, marquis de Reynel, bailli
et gouverneur de Chaumont, et de haute et puissante dame, madame Diane de Pontailler.

Cette année-là, le 15 avril, une sentence du
bailliage de Gray avait autorisé Louis II de Clermont d'Amboise à prendre possession du comté
de Champlitte (2). Il céda ses droits à son fils ;

était gouverneur de Chaumont. En 1593, un capitaine de ce nom
marchait avec le duc de Guise (Challe, *Guerre de religion dans
l'Auxerrois*). En 1405, Alexandre de Beaujeu avait un la Rochette
avec lui pour s'emparer de l'abbé de Luxeuil. Si ce n'était César,
c'était certainement son père. Le mariage de leurs enfants le démontre clairement. Dans tous les cas, pour épouser un Clermont
d'Amboise, marquis de Reynel et comte de Champlitte, Anne devait
être de bonne noblesse.

(1) Colombé-la-Fosse, canton de Soulaines, arr. de Bar-sur-Aube,
Aube.

(2) Clériadus, le dernier des Vergy, avait deux sœurs, Béatrix,
mariée à V. Simon de Cusance, et Anne, épouse de Jean-Louis de
Pontailler. Le Parlement de Dôle avait adjugé le comté de Champlitte à Clériadus de Cusance, petit-fils de Béatrix de Vergy. Mais
le nouveau comte étant mort empoisonné, ses sœurs restèrent propriétaires de Champlitte jusqu'au 15 avril 1674, jour où une sentence
du bailliage de Gray autorisa Louis de Clermont d'Amboise à prendre
possession du titre de comte qu'il céda aussitôt à son fils François.

aussi voit-on celui-ci prendre le titre de comte de Champlitte dans son contrat, le 17 septembre suivant.

Du mariage de François de Clermont d'Amboise avec Anne de la Rochette sont issus : 1° Louis-Jules-François de Clermont, et : 2° Marie-Françoise-Justine.

Louis-Jules-François avait acquis, les 11 mars et 15 juin 1701, les portions à Champlitte de ses coseigneurs, descendant des sœurs de Clériadus de Cusance, c'est-à-dire de la princesse de Lillebonne, de la comtesse de Berghes et du duc d'Aremberg. Mais il ne jouit pas longtemps de son comté. Tué d'un coup de canon à la bataille de Lazaret, le 11 août 1702, il laissa son héritage à sa sœur, mariée, le 20 février 1700, au château de Champlitte, à Jean-Baptiste de Toulonjon, fils de Léonel de Toulonjon, seigneur de Francourt, Renaucourt, etc., et de feue dame Catherine de Grachaut (1). C'est par ce mariage

(1) Comme Marie-Justine de Clermont, Jean-Baptiste de Toulonjon avait du sang de Beaujeu dans les veines. Léonel de Toulonjon et Catherine de Grachaut étaient cousins-germains. Catherine était fille de Melchior de Grachaut, fils lui-même de François de Grachaut et de Barbe de Beaujeu-Montot, mariés par contrat du 14 octobre 1614 (voir *Généalogie*, IIe partie, page 175). Léonel de Toulonjon était fils de Marc et de Marguerite de Grachaut, sœur de Melchior, et née comme lui de François de Grachaut et de Barbe de Beaujeu.

Les Toulonjon de Champlitte qui suivirent se trouvèrent ainsi descendre à la fois des Beaujeu de Montot et des Beaujeu de Chaque les Toulonjon devinrent seigneurs de Champlitte.

Avec Marguerite de Beaujeu, mariée à César de la Rochette, Alexandre eut de Françoise d'Amboise cinq autres filles.

5° Catherine, qui fut abbesse de Benoitevaux (1) de 1623 à 1654 ;

6° Anne, prieure du même monastère ;

7, 8 et 9, Françoise, Madeleine et Jeanne, religieuses au même lieu.

zeuil. C'est pourquoi ils arrivèrent à la succession d'Edme-Nicolas-Louis, le dernier de la branche de Montot. Une alliance avait déjà eu lieu entre les Clermont et les Toulonjon. Jeanne de Toulonjon, de la branche de Traves, arrière-petite-fille du maréchal Antoine de Toulonjon qui battit le duc de Lorraine, René d'Anjou, et le fit prisonnier à Bulgnéville, en 1431, était mariée à René de Clermont d'Anjou, vice-amiral de France (Duxod, t. III, p. 233. Moréri, V. Clermont).

(1) Benoitevaux (en latin *benedicta vallis,* val béni), aujourd'hui ferme de la commune de Busson, canton de Saint-Belin, arr. de Chaumont, dans les bois, à 5 kilom. de Reynel. C'était une abbaye de femmes de l'ordre de Cîteaux, dépendant du diocèse de Toul, fondée en 1198 par Wiard, comte de Reynel, et sa femme Ermengarde qui y fut inhumée en 1224. Pendant les xve et xvie siècles, cette abbaye fut plusieurs fois dévastée. En 1636, elle fut complètement ruinée par les Suédois. C'était sous l'administration de Catherine de Beaujeu. On a des lettres de 1642, par lesquelles l'abbé de Cîteaux autorise les dames de la Rochette et d'Epinay à rester dans leurs familles où elles s'étaient retirées.

Quelques années plus tard, les religieuses essayèrent de reformer leur communauté à Chaumont ; mais les habitants de cette ville s'y opposèrent. Elles s'établirent à Reynel dans une maison particulière où elles sont restées jusqu'à la Révolution (Jolibois, *la Haute-Marne,* p. 55 ; — *Notice sur Benoitevaux,* par l'abbé Bouillevaux, Chaumont, 1851).

ANTOINE

Antoine de Beaujeu, seigneur de Chambron-court et d'Epizon, capitaine de cavalerie et commandant cinq compagnies de carabins, sous le maréchal de Caumont-La Force, était fils aîné d'Alexandre de Beaujeu et de Françoise de Clermont d'Amboise.

En 1636, au moment où Richelieu se préparait à envahir la Franche-Comté, Antoine était avec ses chevau-légers dans les troupes prêtes à marcher au premier signal pour aller faire le siège de Dôle. Il était logé à Baigneux et avec lui se trouvait la compagnie du marquis de Tavanes, celles de Vaubrecourt, du Châtelet, etc., qui vécurent quatre mois à discrétion sur les habitants (1). C'était dans les habitudes du temps, et les armées faisaient même souvent plus de mal aux amis qu'aux ennemis.

En 1638, il était avec le maréchal de la Force au siège de Fontarabie, où son cousin Jacques-Paul, fils de Paul-François de Beaujeu, fut tué dans une sortie des Espagnols.

En 1642, pendant une période de calme, Antoine avait essayé d'arriver à une transaction pour la succession d'Antoine de Croy, qui était entre les

(1) Courtépée, t. IV, p. 213. Baigneux-les-Juifs, chef-lieu de canton de l'arr. de Châtillon-sur-Seine, Côte-d'Or.

mains des procureurs, mais il n'arriva à aucun résultat.

En 1644, il accompagnait encore le maréchal de la Force au siège de La Mothe (1), petite forteresse qui commandait le Bassigny et qui appartenait au duc Charles de Lorraine, alors allié de l'Espagne. Elle était commandée par un Montarby et ne fut prise qu'après trois mois de siège, pendant lesquels les assiégeants perdirent plus de 600 hommes. C'est à ce siège que Turenne fit ses premières armes.

L'année suivante, le 9 février, Antoine de Beaujeu se trouvait à l'assemblée des trois ordres du bailliage de Chaumont, sous la présidence de Louis d'Amboise, marquis de Reynel, et il désignait le sieur de Vaudrémont comme député aux États généraux d'Orléans, qui devaient ouvrir le 15 mars (2).

A partir de ce moment, les renseignements font complètement défaut sur les faits et gestes d'Antoine de Beaujeu jusqu'en 1668, où il habitait Chambroncourt et tenait sur les fonts baptismaux plusieurs enfants du village.

---

(1) La ville fut investie le 8 mars et le feu de l'artillerie commença le 14. On comptait que la ville se rendrait aussitôt, mais les habitants montrèrent un courage digne des temps antiques. Les femmes elles-mêmes prirent part à la lutte et ne craignirent même pas de faire des sorties. La Mothe, sur le territoire d'Outremécourt, canton de Bourmont, arr. de Chaumont, Haute-Marne.

(2) *Mémoires de la Société académique de l'Aube*, 1882, p. 326.

Il mourut le 25 novembre 1670 et fut enterré dans le chœur de la vieille église. Mais, en 1847, une nouvelle église ayant remplacé l'ancienne, sa tombe fut reléguée sous la tour du clocher où on la voit encore. Elle porte l'inscription suivante : « Cy git Antoine de Beaujeu, chevalier, seigneur de Chambroncourt, Epizon, Grand, Trampot (1), qui trépassa le 25 novembre 1670. Priez Dieu pour son âme. Cette épitaphe a été mise à la diligence de messire Nicolas de Beaujeu, son fils, seigneur desdits lieux et brigadier général des armées du roi, capitaine des gens d'armes de M⁸ʳ le duc d'Anjou. »

De Nicole de Dammartin (2), appelée aussi Nicole Martin, Antoine de Beaujeu avait eu :

Nicolas ;

Octavien, cornette dans le régiment de son frère et qui mourut sans postérité.

NICOLAS

Nicolas, comte de Beaujeu, chevalier, seigneur de Chambroncourt, Epizon, Villiers-le-Sec, etc.,

---

(1) Grand et Trampot, arr. et canton de Neufchâteau, Vosges, sont voisins l'un de l'autre.

(2) Il n'a pas été possible de déterminer à quelle maison de Dammartin appartenait Nicole. Il y a cependant lieu de croire qu'elle était de celle du Langrois, qui portait : écartelé : aux 1 et 4 d'argent à la bande de gueules, aux 2 et 3 losangé d'or et d'azur (SUCHAUX, *Nobiliaire*).

était fils d'Antoine et de Nicole de Dammartin. Il était né à Chambroncourt en 1668. Il avait d'abord servi dans les compagnies d'ordonnances (1) et était arrivé au grade de capitaine. Ses relations de famille l'avaient mis en avant et il commandait le régiment de cavalerie de M. du Maine (2), lorsqu'il reçut au camp de Scharzach, le 18 août 1690, la lieutenance de la compagnie du duc d'Anjou (3), dans la gendarmerie du roi (4).

Elevé au grade de brigadier d'armée (5), le 5 janvier 1696, en même temps que le duc de Duras, le marquis du Châtelet, le prince de Rohan, le duc de Montfort, il fut envoyé à l'armée du Rhin avec le marquis de Villeroi et le marquis

(1) Les compagnies d'ordonnance, premier noyau d'une armée permanente, furent créées par Charles VII aux Etats d'Orléans en 1439. Elles étaient au nombre de 15 et constituèrent plus tard *la gendarmerie* du roi, lorsque d'autres corps de troupes eurent été formés à côté d'elles. Alors, pour être admis dans les compagnies de gendarmes, il fallait avoir servi 3 ans dans les compagnies d'ordonnances ou avoir été capitaine de chevau-légers, *mais surtout être noble.*

(2) Les régiments comme les compagnies appartenaient le plus souvent à des princes de la maison royale, mais étaient commandés par des gentilshommes.

(3) Le duc d'Anjou, fils du dauphin et petit-fils de Louis XIV, devint roi d'Espagne par le testament de dom Carlos, en 1700, sous le nom de Philippe V.

(4) *Mémoires* de Dangeau, Paris, F. Didot, 1854, t. III, p. 195.

(5) Id., t. V, p. 342. Le brigadier était un colonel commandant plusieurs régiments.

d'Ussel pour organiser la défense. De passage à Vesoul, la ville leur offrit un vin d'honneur (1).

Le mardi 25 décembre de cette même année il recevait le titre de capitaine de sa compagnie de gendarmes. Il succédait à René Bruslard, marquis de Genlis, qui avait reçu le brevet le 16 décembre 1669 (2). Mais Nicolas de Beaujeu ne conserva cette charge que jusqu'en 1703.

Il accompagnait en Italie le duc de Vendôme envoyé pour remplacer Catinat qui s'était laissé prendre par le prince Eugène, en février 1702. Lorsque Vendôme eut battu le prince Eugène à Luzzara, le 15 août de cette même année, et l'eut rejeté au delà du Mincio, un arrangement avait été conclu pour l'échange des prisonniers. Ce fut Nicolas de Beaujeu, avec d'Egrigny, intendant de l'armée d'Italie, qui réglèrent ce *cartel*, que le roi ratifia le 7 septembre (3).

Au mois de février suivant, Nicolas de Beaujeu fatigué cherchait à remettre sa charge de capitaine de la compagnie de gens d'armes. Il trouva bientôt un amateur dans le marquis de la Tour (de Moustier), enseigne des gendarmes du Dauphin, le plus âgé de son grade dans la gendarmerie, qui consentit à lui payer 45.000 écus (4).

(1) Arch. de la Haute-Saône, E. 877, f. 5 r°.
(2) Général Susane, t. I, p. 266.
(3) *Mémoires de Dangeau*, t. VIII, p. 495.
(4) Id., t. IX, p. 114 et 160.

Le roi donna son consentement à Versailles, le
3 avril (1). Nicolas de Beaujeu reprenait en paiement, pour 28.000 fr., le gouvernement de Saint-
Dizier qui valait 1000 écus de rente et qui se
trouvait peu éloigné de ses terres.

Deux ans après, en 1705, il achetait Villiers-
le-Sec en Champagne, de dame Jeanne de Nettan-
court, veuve de Jean-Philippe de Tournebulle,
chevalier, seigneur de Bussy (2), mais il ne
conserva pas cette seigneurie, car son cousin
Frédéric en est dit propriétaire, lorsqu'il lui vend
ses meubles, en 1715.

Il n'avait même pas conservé Chambroncourt
où il était né et où son père reposait dans l'église.
En 1698, le 20 juin, il l'avait cédé « à Louis III
« de Clermont d'Amboise, marquis de Reynel,
« et à André-Louis de Clermont d'Amboise, abbé
« de Reynel, ses cousins, avec Epizon et la fo-
« rêt d'Héraude appartenances et dépendances,
« moulin, etc., le tout provenant de la succes-
« sion d'Antoine de Beaujeu, son père, de dame
« Françoise de Clermont d'Amboise, son aïeule,
« et de dame Jeanne de Beaujeu (religieuse à
« Benoitevaux), sa tante, et d'acquisition faite
« par lui-même ». Le prix fixé à 25.000 fr. de-

____

(1) *Mémoires* de Dangeau, t. IX, p. 160.

(2) *Bibl. Champenoise*, par Léon Techener, Paris, 1886. Villiers-le-Sec, canton de Chaumont, à 7 kil., avait été complètement
détruit par les Suédois en 1636-1637 (Jolibois, *la Haute-Marne*).

vait produire 1250 fr. d'intérêt jusqu'à complète libération (1).

En vendant Chambroncourt et Epizon et ensuite Villiers-le-Sec, Nicolas de Beaujeu paraît avoir eu un plan bien arrêté. Il voulait se débarrasser de ses terres et du souci de leur administration, pour placer son argent et ne plus avoir pour ainsi dire que des valeurs mobilières. Il avait, en effet, une rente de 655 livres résultant d'une obligation, au capital de 13.100 livres, que lui avaient souscrite, le 30 décembre 1706, les jurés des vendeurs de foin de la ville de Paris. Il avait, sur la ville de Paris, une rente de 532 livres achetée par lui, le 20 avril 1714, pour la somme de 13.375. Le 17 mai suivant, il avait acquis une rente viagère de 3000 livres sur les aides de la gabelle. Il possédait en outre sa place de gouverneur de Saint-Dizier, qui représentait 10.000 écus, comme le dit Dangeau dans ses mémoires : « comme ce gouvernement ne « vaut guère plus de 1000 écus de rente, on « ne croit que personne le demande, y ayant « 10.000 écus à donner » (2).

Comme on le voit, Nicolas mettait ordre à ses affaires. Restait la question de la succession de son grand oncle, Antoine de Croy, prince de Por-

(1) Arch. de la Haute-Saône, E. 650.
(2) Dangeau, t. XVII, p. 94.

cien, mort le 5 mai 1567. Un procès plusieurs fois interrompu et repris avait été engagé entre les parties représentées, d'un côté, par Nicolas de Beaujeu et les Clermont d'Amboise, et, de l'autre, par les princes de Chimay (1), les ducs d'Aremberg (2), etc. Le 23 mars 1688, Nicolas avait nettement formulé ses réclamations devant une assemblée de famille convoquée à cet effet. Il avait fait valoir « que les *minorités* survenues « dans sa branche avaient empêché la prescrip- « tion; et qu'il avait contribué aux frais et même « au paiement des dettes du comte de Porcien, « de même qu'au douaire de Mme de Guise » (Ca- therine de Clèves, veuve du comte et remariée à Henri de Guise *le balafré*).

Après des péripéties sans nombre, le 15 avril 1710, un accord intervint entre Nicolas et ses cointéressés, représentés par M. François (Cathe- rinet), avocat du roi au parlement, agissant comme tuteur *onéraire* de J.-Baptiste-Louis de

(1) Héritiers de Charles de Croy, créé prince de Chimay par l'empereur Maximilien, en 1486. Voir la note 3 de la page 70. Chi- may, ville de Belgique (Hainaut).

(2) Aremberg, sur l'Ahr, non loin de Trèves, a donné son nom à une famille comtale éteinte à la fin du xiiie siècle dans la maison de la Marck. Aremberg passa ensuite à la famille de Ligne par le mariage de Marguerite de la Marck avec Jean de Ligne, qui releva le nom d'Aremberg à la fin du xve siècle. Charles, prince d'Arem- berg, mort le 16 juin 1616, avait épousé Anne de Croy, fille de Philippe, duc d'Aerschot.

Clermont d'Amboise, fils mineur de Louis IV, marquis de Reynel et de Thérèse Colbert de Croissy, fille de Charles de Colbert de Croissy, ministre secrétaire d'État, alors remariée à François-Marie de Spinola, duc de Saint-Pierre, grand d'Espagne.

Il était stipulé que, « pour assoupir le trouble et préjudice qu'auraient apportés les prétentions du seigneur de Beaujeu énoncées dans le dernier avis des parents, du 23 mars 1688, rendu entre Nicolas de Beaujeu et ses cohéritiers par bénéfice d'inventaire, du côté maternel, de Mre Antoine de Croy, prince de *Porcien*, d'une part, et Louis d'Alsace, comte de Bossut, d'autre part, les parties sont convenues de ce qui suit : Le sieur de Beaujeu restera intéressé dans le procès pendant relatif à l'héritage du prince de *Porcien* et continuera ses *sollicitations* et ses soins, mais à la condition qu'il ne pourra prétendre qu'au cinquième de la succession pour lui, pour Mme de Reynel sa cousine, avec laquelle il s'arrangera... »

Celle-ci approuva la convention, le 25 avril suivant, et sa fille Marie-Justine de Clermont, veuve de Jean-Baptiste de Toulonjon, apposa sa signature, le 17 mai. Mais les choses n'en avancèrent pas beaucoup pour cela, car à la mort de Nicolas, le procès était toujours pendant et il laissait tous ses droits à Jean-Baptiste-Louis de

Clermont d'Amboise, marquis de Reynel, son petit cousin (1).

Le 24 juillet 1715, devant M⁰ Savigny et son collègue, notaires à Paris, et moyennant 3000 livres reçues comptant, Nicolas de Beaujeu vendait le mobilier de l'appartement qu'il occupait, rue des Saints-Pères, n° 16, paroisse Saint-Sulpice, à son cousin Eugène-Frédéric de Beaujeu, chevalier, seigneur de Jauge et de Villiers-le-Sec, mestre de camp d'un régiment de cavalerie et brigadier des armées du roi, demeurant à Paris, cour de Rouen, paroisse Saint-André-des-Arts. Nicolas devait conserver la jouissance pendant sa vie, et un inventaire fait par les parties donna le détail suivant :

Sept pièces de tapisserie de Flandre de haute lice, à personnages, de deux aunes et demi de haut et seize aunes de long, estimées.   400 fr.

Un lit *à la duchesse,* de serge bleue doublée de satin avec la courte-pointe de même étoffe et rubans *aurore,* estimé . . . .   300 fr.

Six chaises et un fauteuil de tapisserie de point de Hongrie, estimés. . . . . . .   30 fr.

Une chaise de moquette. . . . .   8 fr.

Une table de marqueterie . . . .   16 fr.

Un miroir avec *bordure* de bois doré, un trumeau aussi de glace. . . . . . .   20 fr.

(1) Arch. de la Haute-Saône, E. 650.

Une armoire en noyer, *placage* . .   20 fr.

Quatre portraits de famille, avec cadres de bois doré, non estimés . . . .   »

Un *feu* argenté, garni de pelle et pincette. . . . .   4 fr.

Une douzaine d'assiettes et six plats d'étain . . . .   25 fr.

Quatre paires de draps de lits de maître (1) . . . .   48 fr.

Six paires de draps de valet . . .   36 fr.

Trois lits de valet avec les matelas, couvertures, traversins et bois de lit. . . . . .   36 fr.

Quatre douzaines de serviettes et cinq nappes . . . .   34 fr.

La batterie de cuisine, etc., etc.

Le 6 mai 1716, Nicolas de Beaujeu avait fait une donation entre vifs, d'une rente de 1250 fr. au principal de 2500 fr., à ses petits cousins Alexandre et Frédéric-Eugène, fils de Louis-Charles de Beaujeu, lieutenant-colonel au régiment de Flandre, et de dame Françoise de Pallas (2). Quelques mois après, le 1er octobre, il écrivait lui-même un testament qu'il déposait chez Me Leblanc, notaire à Saint-Dizier, et le 5 mai 1717, il faisait à Paris un nouveau testament confirmatif du premier et qui renfermait

_____

(1) C'était, il est vrai, un ménage de garçon. Mais il y a disproportion entre les objets luxueux du début et la vaisselle et le linge.

(2) *Bibl. Champenoise*, par Léon TECHENER, 1886.

les dispositions suivantes : « Il veut, s'il décède à Paris, être inhumé dans l'église des Petits Augustins, et *le plus modestement que faire se pourra*, avec une épitaphe en *relief* donnant son nom et ses qualités avec ses armes. Il désire que le lendemain de son enterrement toutes les messes du couvent soient retenues pour lui, de sept heures du matin jusqu'à midi. Il devra en être de même au *quarantaille* (1) et au bout de l'an. Il demande qu'on fasse dire deux messes basses tous les jours, depuis son décès jusqu'à la fin de l'année.

« Il nomme pour son exécuteur testamentaire Pierre de Largentière, avocat au Conseil du roi, auquel il laisse comme souvenir un *diamant de mille livres.*

« Il lègue 100 livres aux capucins de Saint-Dizier pour 120 messes ; 100 livres aux pauvres de Chambroncourt et 100 livres aux pauvres de Villiers-le-Sec, à charge de prier pour lui. Il donne diverses sommes à ses domestiques, gouvernante, valet de chambre, cocher, laquais.

« Il laisse à Anne de la Rochette, comtesse de Reynel, sa cousine germaine, et à la comtesse de Champlitte (2), une somme de six mille livres. Il abandonne à Jean-Baptiste-Louis de Clermont

(1) C'est l'office ou service après six semaines, encore en usage.
(2) Marie-Justine de Clermont d'Amboise, fille d'Anne de la Rochette, veuve de J.-B. de Toulonjon, comte de Champlitte, v. p. 73.

d'Amboise, marquis de Reynel, tous ses droits dans la succession d'Antoine de Croy « *pour* « *laquelle ils ont un procès en commun, contre* « *son altesse royale myr le duc d'Orléans et* « *MM. les princes de Chimay et d'Aremberg.* »

« Il lègue à Alexandre-Nicolas et Eugène-Frédéric de Beaujeu, son frère cadet, enfants de Louis-Charles, lieutenant-colonel au régiment de Flandre, tout ce qui sera existant en équipages, chevaux et argent monnayé échu et à échoir, après le paiement de ses dettes et l'acquittement de ses legs.

« Il donne à M. de Beaujeu. leur père, *sa casaque rouge à boutons d'or*, six chemises de *dentelles et les cravates* qui sont à Paris, ainsi que ses pistolets ; à Mme de Beaujeu, leur mère, sa berline et ses chevaux. Il veut que son cousin Frédéric, maréchal de camp, ait son carrosse qui se trouve à Paris, et il déclare que le petit cheval alezan lui appartient.

« Il laisse sa montre à Mme de Beaujeu de Chaumont (1). »

Nicolas mourut le 13 mai 1717 et son testament fut déposé, le 15, chez Me Guesdon, notaire à Paris. En lui finissait la branche de Beaujeu de Chazeuil, seigneur de Chambroncourt et d'Epizon.

____

(1) Geneviève de Beaujeu, mariée à Charles de Buffevent, seigneur de Chaumont (v. plus loin).

CHAPITRE II

BRANCHE DE JAUGE

FRANÇOIS

François de Beaujeu, seigneur de Chazeuil et
de Jauge, était le fils aîné de Jean III et de Gilberte
de Beaurepaire. A la mort de son père, en 1547,
il avait été placé, avec ses frères et sœurs, sous la
tutelle de leur oncle Philibert de Beaujeu, évêque
de Bethléem, qui, en cette qualité de tuteur (1),
obtint, le 1ᵉʳ mars 1548, un arrêt du Parlement
pour forcer les héritiers Baudot à payer les frais de
procédure, dus depuis le 20 mai 1526.

François avait eu, dans sa part de l'héritage
paternel, la seigneurie de Jauge, mais il avait
reçu aussi des droits importants à Chazeuil, car le
douaire de sa femme y fut établi en même temps
que celui de sa mère, Gilberte de Beaurepaire. Le
reste de la terre appartenait à ses frères et sœurs,
et notamment à son frère puiné, Jean, qui prit
le titre de seigneur de Chazeuil que conservèrent
ses descendants.

(1) Arch. de la Côte-d'Or, E. 1374. Original sur parchemin.

François, en 1551, épousa Claude de Méry (1), fille d'Itier de Méry et petite-fille de Jean et de Jeanne de Clermont (2). Elle lui apportait des droits sur la succession de Claude de Vaudrey, seigneur de Marac (3), dont les biens se trouvaient alors sous séquestre par droit d'aubaine (4). De là, naturellement, procès et débats devant le Parlement de Paris, tant contre *les gens du Roi* que contre les autres parents et héritiers de Claude de Vaudrey. Pour sortir de ces difficultés, François de Beaujeu, promettant la ratification de sa femme à sa majorité, cède et vend, le 16 septembre 1552, à Antoinette de Bourbon, duchesse de Guise, ses droits sur Marac, et à Guillaume de Chastenay (5), chevalier, seigneur de Lanty, ses

(1) Méry-sur-Yonne, canton de Coulanges-sur-Yonne, arr. d'Auxerre.

(2) Jeanne de Clermont était fille et héritière de Catherine de Vaudrey, sœur de Claude, mariée à N. de Clermont (v. Dunod, t. III, p. 223). Claude et Catherine étaient nés de Marguerite de Chauffour, qui avait apporté à son mari, Antoine de Vaudrey, Marac, Echalot, Minot et Thorey.

(3) Marac, canton de Langres, Haute-Marne.

(4) Le droit d'aubaine était le droit du suzerain de s'emparer d'un fief vacant. Il s'exerçait aussi, en cas de guerre, sur les biens possédés par les habitants d'une province ennemie. C'était le cas, alors, car Claude de Vaudrey était un des fidèles de l'empereur Maximilien et de Charles-Quint.

(5) Chastenay, canton de Courson, arr. d'Auxerre, Yonne, a donné son nom à une famille qui a possédé la seigneurie importante de Lanty, canton de Châteauvillain, arr. de Chaumont, Haute-Marne.

prétentions sur Echalot (1). Le prix, fixé à 3500 livres tournois, devait être versé, deux tiers par la duchesse et le reste par Guillaume de Chastenay qui se trouvaient par ce moyen subrogés dans tous les droits des vendeurs, même au cas où l'héritage se trouverait plus considérable et « *arriverait à la valeur de dix mille livres et plus* ».

Le 17 août 1555, des lettres du roi Henri II, données à Saint-Germain-en-Laye, commettaient Christophe de Thou, président, Barthélemy Faye, conseiller et Gilles Bourdin, avocat royal au Parlement de Paris, pour la rédaction des coutumes de Sens. L'assemblée des trois Etats du bailliage eut lieu à Sens, le dimanche 3 novembre 1555, et François de Beaujeu y parut, comme seigneur de Chazeuil, pour présenter les observations qu'il pouvait avoir à faire (2).

Le 5 juin de l'année suivante, ses sujets de Chazeuil, avec lesquels il faisait cause commune dans la circonstance, obtenaient un arrêt de la *Table de Marbre* (3) de Paris, qui maintenait

---

(1) Echalot, canton d'Aignay-le-Duc, arr. de Châtillon, Côte-d'Or, comme Minot et Thorey.

(2) *Coutumes du bailliage de Sens*, par Jean Perron, avocat. Sens, MDCCXI, p. 122.

(3) C'était la juridiction qui décidait en dernier ressort des matières des eaux et forêts, ensuite de l'édit de mars 1558. Elle était ainsi appelée parce que les juges se réunissaient autour d'une grande table de marbre qui se trouvait au Palais de justice à Paris.

leurs droits dans la forêt de Velours. Le procès-verbal de l'exécution de cet arrêt est de 1557.

Comme aîné, François était le représentant de nom et d'armes de sa branche ; aussi Claude II de Beaujeu, seigneur de Volon, par son testament du 30 novembre 1574, lui laissait tous ses biens, à l'exception du domaine de Delain qu'il léguait à Marc de Beaujeu, seigneur de Montot, son exécuteur testamentaire.

En dehors de l'usufruit réservé pour la veuve, Jeanne de Mailly, la succession était hypothéquée pour la somme de 3333 écus d'or, montant de la dot de Charlotte de Beaujeu, sœur du testateur et mariée à Christophe de Choiseul, seigneur de Chamarande, etc. Nonobstant, François de Beaujeu avait cédé Beaujeu et ses dépendances à Frédéric Perrenot, fils du chancelier de Granvelle, et qui était alors seigneur de Beaujeu, par donation de sa mère Nicole Bonvalot.

D'un commun accord, sans doute, l'hypothèque de Charlotte avait été reportée sur la terre de Chazeuil, et, à la mort de François, en 1579, elle réclama ses 3333 écus.

Devant l'impossibilité par la succession de verser cette somme et en présence d'autres créanciers intervenant, les poursuites aboutirent à *des criées*, c'est-à-dire à la vente judiciaire de « *la terre et seigneurie de Chazeuil, ensemble la maison forte* » qui étaient dans la famille de

Beaujeu depuis 140 ans. Une sentence du 5 avril 1583 avait distrait un septième et demi pour la part des enfants de Jean de Beaujeu, frère de François, représenté par leur mère Marthe de Villeneuve. Le reste fut adjugé, le 15 décembre 1584, à Charles d'Escars, évêque de Langres et la collocation du prix fut faite dans l'ordre suivant :

1° Gilberte de Beaurepaire, mère de François, pour son douaire, « *qui devait être évalué par gens compétents,* » et aussi pour la somme de 833 écus 1/3, comme rachat de la rente annuelle de 66 écus deux tiers, à elle accordée par son défunt mari, lors de leur contrat de mariage.

2° Claude de Méry, veuve de François, 1° pour 66 écus 2/3 montant de son douaire *préfix* (1), au rachat de 800 écus, à prendre sur les deniers de la vente et être *mis en mains sûres* « *tant que douaire aura lieu.* » Claude de Méry était aussi inscrite pour 200 écus, représentant les bagues et joyaux de son contrat de mariage. Quant au remplacement des héritages à elle advenus et aliénés par son mari, elle devait faire la preuve dans le délai d'un mois sous peine d'être déboutée de sa demande.

---

(1) D'après la coutume, le douaire était de la moitié des biens laissés par le mari, mais il pouvait être déterminé à l'avance.

3° Un certain Mouginot, pour 400 écus, suivant obligation du 21 juin 1557 (1).

4° Christophe de Choiseul et Charlotte de Beaujeu, pour 3333 écus, *conformément à leur* contrat de mariage.

Puis venaient de petits créanciers pour 200, 150, 61, 14, 5 *écus et demi*.

Blaisotte de *Madiot*, femme de Christophe de Beaujeu, duquel on avait réservé la maison et pourpris, était déboutée de son opposition et déclarée *forclos* (2), *en vue du certificat du greffier*.

Claude de Méry mourut ce jour-là et son procureur, en annonçant son décès, protesta « *que le délai et jugement donné par ladite sentence ne puisse produire profit à ses héritiers.* »

Elle avait donné à François de Beaujeu les enfants suivants :

1° Christophe ;

2° Jean, seigneur de Jauge et de la Tuilerie, qui continuera la lignée après le décès des enfants de Christophe ;

3° Marie de Beaujeu, épouse de Jean de Moreau (3), par contrat du 28 novembre 1578, dont postérité ;

(1) Cette obligation précédant la venue de la succession de Claude II de Beaujeu-Volou, primait les droits de Charlotte.

(2) Le forclos est prononcé lorsqu'on a laissé passer les délais pour produire ses pièces en justice.

(3) Cette famille était originaire de l'Ile de France. Elle ajouta à

4° Denise mariée en 1586 à Jean Duban, tué à la bataille d'Ivry le 14 mars 1590, à côté d'Henri IV. Elle se remaria, le 12 août 1590, à Jean de Drouël, seigneur de la Motte et de Sainte-

son nom celui d'Avrolles lorsque cette seigneurie lui fut arrivée par le mariage de Claude de Moreau avec Anne de Trotas, en 1627. Le premier Moreau connu, Etienne, était conseiller au Parlement de Paris et assista, en 1435, aux conférences qui précédèrent la paix d'Arras entre le roi Charles VII et le duc de Bourgogne Philippe le Bon. Son fils Jean I épousa Jeanne de Lafontaine. Thomas, fils de Jean, était seigneur de Vinet (cant. de Ramerupt, arr. d'Arcis-sur-Aube, Aube) et eut un fils du même nom, homme d'armes dans la compagnie du duc de Montpensier et mort en 1550, des suites de ses blessures au siège de Boulogne. Son fils, Jean II, fut confirmé dans sa noblesse, le 4 février 1599. Il avait été archer de la compagnie de l'amiral Coligny, en 1572. Malgré son âge avancé, il était avec le maréchal de Grancey-Fervaques aux sièges d'Amiens, de Rouen, de la Rochelle en 1628.

Il avait épousé, le 28 novembre 1578, Marie de Beaujeu, fille de François et de Claude de Méry, et en avait eu 3 fils : Claude, seigneur de Cheu et de Jauge ; Paul, seigneur de Ciselles ; François, seigneur de Sainte-Linières, et deux filles Jeanne et Madeleine.

Claude fut seigneur de Cheu et de Jauge par sa première femme, Claudine du Brouillard, qu'il avait épousée le 1 novembre 1603 et dont il n'eut pas d'enfant ; sa seconde femme, Anne de Trotas lui ayant apporté Avrolles (canton de Saint-Florentin, arr. d'Auxerre, Yonne), leur fils aîné se fit appeler Moreau d'Avrolles, et ses descendants sont désignés de cette façon. Claude et Anne de Trotas avaient eu : 1° Claude, né en 1628, mort en 1647 ; 2° Edme, seigneur d'Avrolles, qui continuera la lignée ; 3° Bénigne, seigneur de Cheu, sans postérité de son mariage, le 26 novembre 1658, avec Charlotte de Bellanger ; 4° Louis, né en 1638, mort à l'ennemi ; 5° Louise, femme de Claude de Lacroix, marraine de Charles-Louis de Beaujeu ; 6° Marie, femme de Pierre Lhuit, seigneur de Vaumort ; 7° Barbe, mariée à Marc-Antoine de Beaujeu, son cousin (v. plus loin). Armes : d'azur au chevron d'or, accompagné de trois têtes de more de sable, liées d'argent (La Chesnaye-Desbois, t. X, p. 465).

Linières, capitaine de chevau-légers pour le service du roi. De son premier mariage elle avait eu un fils, Jean, marié 1° à Edmée de la Rochelle dont Pierre-François (1), lieutenant général des armées du roi, et Blaisine (2) ; 2° à Catherine de Beaujeu, sa cousine, fille de Paul-François, et dont il eut une fille, Rose Duban.

3° François de Beaujeu, seigneur de Jauge, encore mineur en 1584 et qui prit une part active aux guerres de la ligue dans l'Auxerrois et

(1) Jean Duban de la Feuillée descendait de Hardi Duban qui, au retour de la dernière croisade de saint Louis, épousa Alphonsine de la Feuillée, en 1276. Pierre fit ses premières armes en 1517, avec Claude-Paul de Beaujeu, le frère de sa belle-mère. En 1652, il était à Barcelone, comme major du régiment de Beaujeu, alors qu'il envoyait une procuration pour le mariage de sa sœur Blaisine. Il obtint, le 31 juillet 1654, le régiment de cavalerie de son nom. Lieutenant général, le 28 juin 1678, grand Croix de Saint-Louis à l'institution de l'ordre en 1693, Pierre avait les plus brillants états de service en passant par tous les grades. Il mourut à 80 ans, le 12 mars 1699. Il avait épousé Françoise le Brétel, dont il eut Antoine et Louis ; ce dernier abbé du Mont Sainte-Marie en Franche-Comté, en 1694 (à la nomination du roi depuis 1674).

Après la conquête de la Franche-Comté par Louis XIV, Pierre François fut gouverneur de Gray et de Dôle. Il avait acheté de Brichanteau, en 1683, la terre de Frolois (canton de Flavigny, arr. de Semur, Côte-d'Or) que le roi érigea en comté l'année suivante. Dans les documents de l'époque, il est désigné sous le nom de comte de la Feuillée. (V. *Mém. de Pinard, commis de la guerre*, t. IV, p. 303. COURTÉPÉE, t. II, p. 270).

(2) Blaisine Duban épousa Jean-Baptiste Pitoizet d'Obtrée, gentilhomme servant de la Reine, dont un fils tué en Allemagne en 1696 et une fille Marie-Anne, épouse de Louis le Bascle d'Argenteuil (Arch. de la Côte-d'Or, E^2, 43).

mourut sans postérité, maréchal des camps (1) et armées du roi.

Au commencement de la Ligue, il avait réuni quatre compagnies d'infanterie avec lesquelles il séjournait quelque temps à Auxerre, avant de rejoindre Mayenne. La prise de Coulanges-la-Vineuse par les ennemis de la Ligue déchaîna la guerre civile. On reprit Coulanges, puis François de Beaujeu s'empara de Mailly-le-Château, à la tête de 5 à 6000 hommes. Il avait, en passant, pris Migé, et s'était ensuite porté vers Leugny qui se rendit. Le dimanche suivant, ce fut le tour d'Annay-la-Côte qui dut capituler après avoir vu la brèche faite à ses remparts, et qui fut mise à feu et à sang. François de Beaujeu eut toute la gloire de cette expédition et la ville d'Auxerre le gratifia d'une somme d'argent prise dans le dépôt de la Ligue (2).

Ce parti resta ensuite tout-puissant, se tenant sur le qui-vive.

A l'approche des troupes conduites par Tavannes, Cypières et Paul de Beaujeu, oncle de François, et qui se dirigeaient sur Montbard,

---

(1) Avant la création des lieutenants généraux, le maréchal de camp était le seul officier supérieur dans les armées sous le commandant en chef, mais on n'en trouve pas d'exemple avant 1552, et ce ne fut qu'en 1610, que les maréchaux du camp conservèrent leur titre, une fois la paix faite.

(2) Lebeuf, *Hist. d'Auxerre*, t. III, p. 435-436.

François avait été envoyé pour défendre Lamargelle ; mais il ne put s'y maintenir. On avait pu espérer la paix à l'ouverture des Etats Généraux au mois de janvier 1593, mais la Ligue recommença ses menées et François de Beaujeu rejoignit le duc de Guise à Joigny avec son régiment. Devenu gouverneur de Brienon-l'Archevêque, il dut la rendre, le 3 mars 1594, au maréchal de Biron. Joigny ouvrit ses portes le 26 mars, et, dans les articles de la capitulation, il était dit que les officiers nommés par Mayenne conserveraient leur charge, en prenant provision (obtenant brevet) du roi, mais sans rien payer. Il dut en être de même à Brienon où François commandait avec 20 hommes armés et 25 arquebusiers à cheval sans compter les troupes réunies dans le château de la Tuilerie, près de Jauge (1), qui lui appartenait.

CHRISTOPHE

Christophe, baron de Beaujeu, seigneur de Jauge, chevalier, maréchal des camps et armées, en 1614, était le fils aîné de François de Beaujeu et de Claude de Méry. Il était majeur à la mort

(1) *Annuaire de l'Yonne*, 1860, p. 95 et suiv. (*Le Duc de Guise dans l'Auxerrois*, par M. de BASTARD). A CHALLE, *Hist. des guerres du calvinisme et de la ligue dans l'Auxerrois*, 1864. Bib. nat. mss. de MESMES nº 8931/12 : *Les Capitaines ligueurs dans l'Auxerrois*, p. 116.

de son père, pendant que ses frères étaient sous la tutelle de leur mère et la curatelle de Guy de Montigny, leur parent (1).

Il suivit la carrière des armes et fit, en 1578, la campagne de Flandre où il se distingua. La France soutenait alors contre l'Espagne la révolte des Provinces-Unies, et le roi Henri III, tout en protestant de ses intentions pacifiques auprès du roi d'Espagne, Philippe II, avait laissé son frère François, duc d'Alençon, accepter la candidature militaire qui lui avait été offerte. Mais cette tentative n'eut pas de suite, et le duc d'Alençon fut obligé de licencier sa petite armée.

Christophe de Beaujeu revint alors en France que les querelles religieuses divisaient de plus en plus. Il est qualifié de seigneur de Jauge dans un acte du notaire Edme Poillechat de Dijon, en date du 12 mai 1579, mais il avait aussi une partie importante de la seigneurie de Chazeuil, avec une maison et des terres qui le font intervenir dans le procès soutenu par les habitants de Chazeuil contre les seigneurs de Tilchâtel, relativement à leurs droits dans la forêt de Velours. Comme ses ancêtres, comme son oncle Jean, en 1561, Christophe fait cause commune avec ses sujets pour revendiquer les concessions accordées, en mars

(1) Voir page 27. Guy descendait de Huguenin de Montigny, marié à Guillemette de Beaujeu, fille de Thibaut.

1512, à son bisaïeul Jean de Beaujeu par Jeanne de Lenoncourt et Claude de Bessey, son fils, alors seigneur et dame de Tilchâtel. C'est ainsi que son nom figure dans les arrêts de la Table de Marbre de Paris, des 8 juillet 1580, 9 juillet et 23 novembre 1581, qui définissent ses droits et ceux des habitants de Chazeuil, *de la portion* de Beaujeu. Mais il n'était plus là lors du prononcé des derniers arrêts, car il avait pris le chemin de l'exil.

Le duc d'Alençon, rentré en France après sa campagne de Flandre, avait ouvertement donné congé à ses troupes, mais il continuait ses menées et restait d'accord avec les protestants. Il avait conservé des relations avec la Ferté-Imbault (1) et Christophe de Beaujeu qui n'avaient pas licencié leurs compagnies. Il y avait encore, auprès de Saint-Florentin, le régiment de M. de Montfort qui n'avait pas moins de 1200 hommes, sans compter les 300 hommes que la Ferté et Beaujeu pouvaient rassembler en trois jours (2). En juillet 1580, le roi qui voulait aller à Bourbon-Lancy, où la reine Louise de Lorraine prenait les eaux, fit mander à Tavannes de marcher contre cette

(1) Claude d'Etampes, baron de la Ferté-Imbault, seigneur de Mont-Saint-Sulpice et de Villefargeau, descendait d'Edmée le Rotier, fille d'Edme le frère de Jeanne, 1re femme de Jean III de Beaujeu. Voir page 41.

(2) *Mémoires* de TAVANNES, liv. II, p. 463.

7*

troupe et de la disperser. C'est là sans doute qu'il faut chercher les motifs de l'exil de Christophe.

Pendant son absence se déroula le procès intenté par Christophe de Choiseul pour le paiement de la dot de Charlotte de Beaujeu, sa femme, et qui se termina par la vente judiciaire de Chazeuil, le 15 décembre 1584. Mais il fut mis hors de cause, et sa part fut réservée et laissée en dehors de l'adjudication.

Le 30 août 1586, il était partie au jugement de la Table de Marbre de Paris qui terminait le procès relatif à la forêt de Velours. Il avait gain de cause, et les habitants de Chazeuil, ses sujets, obtenaient « trois arpens par feu, en une pièce sur l'avenue de Chazeuil, au *plus proche et commode* pour les habitants, et séparée par des *bornes et fossés de la portion du sire de Baissey.* Les habitants étaient tenus de mettre ces bois en coupe *à la révolution de dix ans*, en y laissant balivaux autres que ceux délaissés aux précédentes coupes (1). »

Il était encore parlé de sa maison et de ses biens de Chazeuil, le 20 mai 1587, dans l'accord fait par sa tante, Marthe de Villeneuve, veuve de Jean IV de Beaujeu, avec l'évêque de Langres, à propos de leurs droits respectifs à Chazeuil, et où il est entendu qu'il n'est pas question de la

(1) Arch. de la Côte-d'Or, E, 1823.

maison de Christophe de Beaujeu (1). Mais l'année suivante, sa portion était cédée à l'évèque, car, le 31 août, il parait comme ayant droit de Christophe, dans l'exécution de l'arrêt du 30 août 1586.

Christophe rentra en France en 1589. Comme il le dit lui-même dans un sonnet au roi (2), il était un des chefs des 15.000 Suisses levés par Sancy (3) pour le compte d'Henri III et qui arrivèrent après son rapprochement avec Henri, roi de Navarre, le 30 avril, à Plessis-les-Tours.

Il était à Genève avec Chaumont-Guitry et Beauvais, lorsqu'ils reçurent par Sancy, à la fin

(1) Arch. de la Côte-d'Or, E, 1375.

(2) Dans les *Mémoires* de la HUGUERIE, t. I. p. 22, en note, Christophe est donné comme capitaine huguenot. C'est une erreur facile à démontrer. Dans ses poésies, Christophe adresse un sonnet au roi et un autre au duc de Guise, le plus terrible adversaire de la réforme, qu'il nomme *l'honneur de toute la terre*. Son livre sur la Suisse est dédié au président Brisson, créature de Mayenne. D'un autre côté, un capitaine huguenot n'aurait pas accepté de se rendre en exil ; il aurait rejoint les troupes de Condé et du roi de Navarre. Il est plus rationnel de penser que Christophe, attaché au duc d'Alençon, avec lequel il avait fait campagne, ne voulut pas suivre jusqu'au bout ce prince dans ses intrigues, surtout lorsqu'il le vit faire alliance avec les protestants, et qu'il préféra aller en exil plutôt que de porter les armes contre le roi.

(3) Nicolas de Harlay de Sancy, ministre sous Henri III, et Henri IV, né en 1546, mort en 1629. Successivement conseiller au parlement, capitaine des cent Suisses, ambassadeur en Angleterre et en Allemagne, surintendant des finances, il fit preuve partout d'une grande intelligence. Il possédait le diamant connu sous son nom, et qui fut plus tard acheté par le Régent.

de mars, communication des ordres du roi qui le relevait de son exil et faisait appel à son dévouement. Il resta à Genève pendant que Sancy traitait avec Berne. Les cantons de Zurich, Bâle, Schaffouse, Saint-Gall et la ville de Strasbourg avaient consenti à une alliance. Le duc Frédéric de Wurtemberg, qui voyait fumer encore dans son petit état les ruines accumulées par les Guises, saisit l'occasion de se venger et promit son concours, sous l'influence de Paul de Beaujeu.

Les Suisses devaient se réunir près de Genève, pour passer la revue le 15 avril. En annonçant à Christophe de Beaujeu et à ses compagnons l'heureux résultat de ses démarches, Sancy leur enjoignait de se hâter et, au besoin, de ne pas attendre le gros de l'armée pour envahir les Etats du duc de Savoie qui n'était pas sur ses gardes. Six compagnies d'infanterie, comprenant environ 1200 hommes, traversèrent rapidement le Faucigny et s'emparèrent du château de Menthon, dans les premiers jours d'avril ; puis Guitry, qui les commandait, rentra à Genève. Là, Sancy, à qui les Suisses avaient fourni cent mille écus, remit à des marchands italiens son fameux diamant contre d'autres sommes d'argent.

Christophe de Beaujeu suivit Sancy à travers la Franche-Comté où on leur fournit des vivres, par suite d'une convention avec l'Espagne. Lorsqu'ils eurent traversé la Saône à Port-sur-Saône, ils trouvèrent Tavannes que le roi envoyait à leur rencontre avec 300 chevaux. On se dirigea sur Langres dont les habitants tenaient pour le roi, mais demandaient à être débarrassés des postes de ligueurs qui se trouvaient dans les environs. C'est pourquoi on alla mettre le siège devant Châteauvillain qui se rendit (1). A la fin de juillet, Christophe de Beaujeu et l'armée des Suisses étaient sous Paris, avec Henri III campé à Saint-Cloud et le roi de Navarre à Meudon.

Le 1er août, Henri III était assassiné par Jacques Clément, et Sancy et les Suisses reconnaissaient Henri IV ; mais il y a lieu de croire que Christophe, sans penser à se jeter dans le parti opposé, hésita à accepter un roi huguenot. En effet, c'est en cette année 1589 qu'il publia des poésies suivies d'un essai sur la Suisse, chez Didier Millot, rue de la Petite-Bretonnerie, à Paris : ce qu'il n'eût pu faire s'il avait suivi Henri IV à Arques.

Il raconte dans une épître au lecteur, « que la fortune ayant pris fort grand plaisir à se jouer de lui dix ans entiers, s'est lassée de ses tourments, estant appelée pour ruiner d'autres desquels elle aura non plus d'honneur mais plus de proffit et le laissa en Suisse achever le reste de son exil où il a demeuré trois ans, n'ayant pour lors rien

____

(1) De Thou, *Hist. universelle*, t. X, liv. XCVI (Londres, MDCCXXXIV), p. 646, 7, 8, 650, 3, 8.

à faire qu'à soupirer son mal qui le tenait en dédain de sa patrie... »

Il explique que les premières années de son exil ont été passées en Italie, en Allemagne et en Espagne et ont été pénibles. Ses rapports avec les Espagnols n'ont cependant pas été mauvais, mais il n'a pas eu à se louer des Italiens et des Allemands. En revanche il vante la beauté de la Suisse et l'aménité de ses habitants.

Rappelant *la Franciade*, de Ronsard (1), il dit qu'il veut l'imiter et donner en outre un livre sur la Suisse. La première partie seule a paru et ne fait pas regretter les autres. Comme celui de Ronsard, son modèle, son style est maniéré, cherché et vise au néologisme, mais il n'a pas les qualités qui font la gloire de Ronsard. Voici du reste son sonnet au roi :

> Sire, depuis que moy votre sujet espave,
> Chassé même du ciel fus hoste des Germains,
> Estant l'unique horreur du reste des humains,
> Je vainquis ma fortune et en devins plus brave.
> Courageux du destin, je ne me fis esclave.
> Ains(i), content de venir avec Mars aux mains,
> De vos Suisses chef en France je revins,
> Faisant trembler les monts qu'un Rosne toujours lave.

(1) Ronsard, poète français né en 1524 près de Vendôme, mort en 1585, fut page du duc d'Orléans, fils du roi François II, puis du prince Jacques Stuart. Il fut d'abord chargé de missions diplomatiques puis, devenu sourd, se voua aux lettres. Il fut le chef d'une nouvelle école qui avait pour but de régénérer la langue française.

> Mais comme Phaeton et plus remply de gloire
> Mon heur ne me laisse de lui que la mémoire,
> Et me veis renverser trop loing de mon projet.
> Alors, je remontai vainqueur de ma tristesse,
> Sur les monts mi-déserts où se tient ma maîtresse,
> Et chantay mes amours faute d'autre subjet.

Entre ses poésies et son livre de la Suisse, sont deux sonnets : le premier, de Guillaume de Hautemer, comte de Grancey, plus connu sous le nom de Fervaques, qui était gouverneur du duché de Bourgogne sous la Ligue et devint ensuite le fidèle et l'ami de Henri IV. Le second, signé de Claude d'Etampes, seigneur de la Ferté-Imbault (1). Ils ne sont pas meilleurs ni plus mauvais que celui de Christophe (2).

Les relations de Christophe de Beaujeu avec le favori d'Henri IV expliquent comment il reprit du service à l'avénement de ce prince. Il était maréchal de camp en 1614, mais, en 1621, lorsque Louis XIII était en guerre avec les protestants du midi révoltés, Christophe se trouvait dans les troupes du duc de Lorraine Henri II,

(1) Le père de Jacques de la Ferté-Imbault, maréchal de France, et qui était marié avec Jeanne de Hautemer, sœur de Guillaume, comte de Grancey (voir page 99, note 1).

(2) Dans les œuvres de Christophe se trouvent des odes, des élégies, des complaintes et ce que l'auteur lui-même appelle un torrent de sonnets, puisqu'il y en a cent vingt et un de suite. Le volume se termine par le premier et unique chant sur la Suisse. Le poème devait en avoir douze.

avec le grade d'aide major de maréchal de camp (1).

Christophe mourut en 1636. Il avait épousé en premières noces Blaisotte *de Madiot* (2) qui est déboutée de ses prétentions pour les reprises de sa dot sur le prix de la terre de Chazeuil, lors de la vente du 15 décembre 1584.

Il eut une seconde femme, Diane de Comitin (3), fille de Louis, seigneur de la Motte, et de Diane de Saint-Privé. Elle le rendit père d'un fils, Pierre, tué servant volontaire sous M. le Prince et qui avait assisté comme témoin, le 9 avril 1611, au paiement de la terre de Fontaine à Jean de Beaujeu, son oncle. Après sa mort, son héritage passa au fils de ce dernier.

(1) Cette circonstance pourrait faire croire qu'il ne voulait pas combattre les protestants, et confirmerait l'opinion de la HUGUERIE. Voir p. 101 note 2.

(2) C'est ainsi que le nom est écrit dans les pièces de procédure : mais malgré les recherches les plus sérieuses, il n'a pas été possible de le rapporter à une famille connue.

(3) Comitin portait d'argent à six yeux au naturel 2, 2 et 2.

CHAPITRE III

BRANCHE DE LA TUILERIE

JEAN V

Jean de Baujeu V, seigneur de la Tuilerie, Lézinnes, et de Pouy par sa femme, était le second fils de François de Beaujeu et de Claude de Méry, et partagea la succession de son père et de sa mère avec ses frères et sœurs, le 12 décembre 1592.

Il avait épousé Catherine de Saint-Blaise (1), fille d'Hector, seigneur de Pouy (2) et de Barbe de Monchy (3), et seize jours après, le 30 octobre

(1) Saint-Blaise, commune de Mesnil-Saint-Père, cant. de Lusigny, arr. de Troyes, Aube. La famille de ce nom portait d'azur à la pointe d'argent.

(2) Pouy, canton de Marcilly-le-Hallier, arr. de Nogent-sur-Seine, Aube.

(3) La maison de Monchy portait de gueules à 3 maillets d'or. Elle est originaire de la Picardie, où il existe cinq villages de ce nom dans le Pas-de-Calais et la Somme. Cette Barbe ne se trouve pas nommée dans les généalogies de la famille dressées par LA CHESNAVE-DESBOIS et MORÉRI, mais il faut certainement l'identifier avec la 6e enfant d'Antoine qui est simplement désignée sans prénom et comme morte sans alliance. On en aura la preuve certaine plus loin en voyant la femme et le fils de Georges de Monchy, frère de cette 6e enfant, tenir sur les fonts baptismaux Claude-Paul de Beaujeu, fils d'Anne de Saint-Blaise.

1599, il servait de témoin à Paul-François de Beaujeu, seigneur de Villiers-Vineux, son cousin, qui prenait pour femme Anne de Saint-Blaise, sœur de Catherine.

Par son contrat, passé le 14 octobre 1599 devant M° Guiboriau, notaire royal à Sens, il lui avait été promis, pour la dot de Catherine, une rente de 500 francs ou, à son choix, la terre de Lézinnes, avec faculté de rachat. Mais la rente n'avait pas été payée régulièrement lorsque survint la mort d'Hector de Saint-Blaise, son beau-père.

Catherine réclama alors l'exécution de son contrat et, sur le refus de son mari, elle se fit autoriser par la justice pour commencer les poursuites. Mais les parents et amis étant intervenus, un arrangement eut lieu, à Villiers-Vineux, le 22 juin 1606, entre Louis de Saint-Blaise, héritier de son père, par bénéfice d'inventaire, et Catherine de Saint-Blaise, autorisée cette fois par son mari.

Catherine s'engageait à renoncer à la succession de son père et de Barbe de Monchy, sa mère, au profit de Louis de Saint-Blaise, son frère, qui lui abandonnait, en compensation, la terre de Lézinnes avec toutes ses appartenances et dépendances, libre et franche de toute dette. Il s'engageait de plus à remettre les titres, contrats et papiers concernant cette seigneurie, et il renonçait à la faculté de rachat. Et, comme Lézinnes n'était pas du revenu de 500 fr., somme stipulée dans le contrat de mariage de sa sœur, il prenait l'engagement de lui verser 4500 livres tournois, et, à défaut de versement, à payer les intérêts *au denier seize* (6 0/0) avec hypothèque sur la terre de Fontaine, primant celle de Colombe Boucher, sa femme ; ce qui fut consenti par ladite Colombe et Edme de Boucher, seigneur de Flogny, son père.

Les témoins étaient Alexandre, Paul-François et Scipion de Beaujeu (1).

Louis de Saint-Blaise avait eu en partage la terre de Pouy et comme il mourut sans enfant, en 1608, elle fut partagée entre ses sœurs. Mais Colombe était remariée, dès le 25 juillet 1608, à Patrice le Bascle, seigneur de Moulins (2), et avait des reprises à faire pour sa dot. Les pourparlers n'aboutirent que le 9 avril 1611. Ce jour-là, à Paris, avec l'aide de deux notaires au Châtelet, Patrice le Bascle, comme mari de Colombe Boucher, veuve de Louis de Saint-Blaise d'une part, et Jean de Beaujeu, seigneur de Jauge, tant en son nom qu'en celui de Catherine de Saint-Blaise, sa femme et comme fondé de pouvoir d'Anne de Saint-Blaise, sa belle sœur autorisée de Paul-François de Beaujeu, seigneur de Villiers-Vineux, son mari, d'autre part, fai-

(1) Arch. de la Côte-d'Or, E², 48.
(2) Moulins, canton de Noyers, arr. de Tonnerre, Yonne.

saient le traité suivant : sur la somme de 17.000 livres versée par Nicolas Brulart, chevalier, seigneur de Sillery, chancelier de France, acquéreur de la terre de Fontaine, moyennant 25.000 livres, par acte du 6 mai 1610, Patrice le Bascle recevait 15.000 livres montant de la dot de Colombe Boucher, sa femme. Sur le reste il était attribué à Jean de Beaujeu 1878 livres 15 sols, etc.

Les témoins étaient Pierre de la Roche, prévôt de Villiers-Vineux, et Pierre de Beaujeu, écuyer, demeurant audit Villiers (1).

Le vendredi 2 septembre 1612, au château de Villiers-Vineux, Patrice le Bascle rachetait de Catherine et d'Anne de Saint-Blaise la terre de Pouy qu'elles s'étaient partagée après la mort de Louis de Saint-Blaise, leur frère, premier mari de la femme de Patrice, Colombe Boucher, à laquelle il était dû un douaire de 4000 livres. Pour devenir seuls propriétaires de la seigneurie de Pouy, les époux le Bascle renonçaient à toute réclamation pour le douaire et les arrérages qui pouvaient être dus, et cédaient une rente de 500 livres, rachetable de 8000 livres, et une autre de 168 livres, au rachat de 2700 livres, due par Melchior de Chaugy, seigneur de Vézinnes (2).

Jean de Beaujeu fit son testament à Cheu, dans

(1) Pierre était le fils de Christophe (voir p. 106).
(2) Arch. de la Côte-d'Or, E, 1103².

la maison de Claude de Moreau, son cousin, le 28 janvier 1626. Dans cet acte il demande à être inhumé dans l'église de Jauge, à côté de ses prédécesseurs *« sous une tombe en pierre de Tonnerre qu'il avait fait préparer d'avance.* Il désire que le jour de son décès ou le lendemain, il soit célébré un service solennel *à 6 ou 9 leçons,* et quatre autres messes avec salut ordinaire de la Vierge, comme *c'est la coutume pour personnes de sa qualité* ; et chaque prêtre recevra la somme de dix sous. »

« Son corps sera porté par six personnes choisies par son exécuteur testamentaire.

« Le luminaire pourra aller jusqu'à vingt livres de cire, pour les cierges, torches et *chapelles.*

« Les pauvres de Jauge seront *aumonés* jusqu'à 30 livres.

« Un nouveau service devra être célébré après 40 jours et au bout de l'an, comme il est ordinaire et sans préjudice d'une messe chantée chaque jour de l'année.

« Il sera donné trente livres à la fabrique de l'église pour être employées aux réparations nécessaires.

« Jean de Beaujeu donne ensuite le nom de ses dix enfants, et déclare que Charles, l'un d'eux, est entièrement porté à des actions déréglées, dérogeant à sa qualité et cela depuis son jeune âge, et malgré les remontrances qui lui ont été faites par plusieurs notables seigneurs, leurs parents et amis, après son père et sa mère. Mis en pension à l'abbaye de Pontigny, sur l'avis de la famille, il en est sorti depuis trois ans, et clandestinement lors du décès de l'abbé ; et depuis ce temps il s'est mal *gouverné,* blasphémant le saint nom de Dieu, fréquentant les jeux et tavernes avec gens de mauvaise vie et *voleurs,* se prenant ordinairement de vin et a plusieurs fois dérobé des chevaux et de l'argent dépensé avec ceux qu'il fréquente. Il s'est porté à des *voies de fait contre sa mère* qui lui faisait des remontrances, l'injuriant et lui disant des paroles malsonnantes et *indignes à réciter.* Il est même allé trouver l'ennemi capital de son père et lui a offert ses services contre les siens... C'est pourquoi il le déshérite et l'exclut de pouvoir, après son décès, *avoir ni prendre aucune chose en ses biens tant meubles qu'immeubles* DE FIEF OU DE ROTURE, *sans aucune espérance ni retour,* recommandant à l'exécuteur testamentaire de faire enregistrer aux sièges et présidiaux de Sens, Troyes et autres lieux où besoin sera, pour ensuite signifier ce que dessus audit Charles afin qu'il ne puisse en ignorer. Il nomme enfin, pour exécuteur testamentaire, Catherine de Saint-Blaise, sa femme, qu'il supplie d'accepter (1). »

(1) Arch. de la Côte-d'Or, E, 73.

Catherine avait fait le même testament le 30 décembre 1620, avec cette différence qu'elle ne nomme que huit enfants, sans parler de Catherine et de Marianne, sans doute déjà mariées (1).

Les voici dans l'ordre donné par le testament de son mari :

1° Edme ;

2° Catherine, femme de Lazare de Grandry (2), major (3) du régiment de Langerou ;

3° Charles, *déshérité par ses parents ;*

4° François, mort jeune ;

5° Louis, sans alliance ;

6° Jean, sans postérité ;

7° Marie-Anne, épouse de Jacques de Ville-braillon (4), seigneur d'Arbelet, dont elle était veuve en 1675 ;

8° Jacques ;

(1) Arch. de l'Yonne, B. 288, f° 62 r°.

(2) Cette famille tirait son nom du village de Grandry (canton de Moulin-Engilbert, arr. de Château-Chinon, Nièvre). Elle paraît dès le xiii° siècle et existait encore au xviii°. En 1274, Pierre de Grandry se reconnaît vassal du comte de Nevers et ses successeurs paraissent dans les montres d'armes et sont qualifiés de chevaliers des ordres du roi. Les Grandry portaient d'argent à trois trèfles de sinople (vert). (Voir l'Inventaire des titres de Nevers de l'abbé de MAROLLES).

(3) Le major était le plus ancien capitaine du régiment. Il commandait le deuxième escadron, le premier étant sous les ordres du mestre de camp ou colonel ou du capitaine lieutenant.

(4) Ce nom donné ainsi dans la généalogie dressée par d'HOZIER ne se trouve pas dans les armoriaux.

9º Marie, connue seulement par le testament de ses parents ;

10º Marc-Antoine, seigneur de Pouy, lieutenant de chevau-légers du duc d'Enghien sous lequel il servait au siège de Mardick (1), avec son neveu Claude-Paul, en 1646, fut capitaine au régiment de Beaujeu. Marié à Barbe de Moreau, sa cousine, fille de Claude, seigneur de Cheu et petite-fille de Jean de Moreau, seigneur de Vinet et de Marie de Beaujeu (2), il en eut deux filles : 1º Edmée-Éléonore, baptisée à Jauge, le 2 décembre 1662 ; 2º Marie, baptisée à Jauge, le 14 octobre 1665 et ayant pour marraine Marie de Boucher, femme d'Henri de Boulard (3), écuyer, seigneur de la Brulerie.

(1) Mardick, village à 10 kil. de Dunkerque, sur la mer. Le 13 août, Marc-Antoine dînait derrière un épaulement, invité avec deux autres compagnons par Bussy-Rabutin qui avait demandé les six petits violons du duc. On n'en était encore qu'au potage quand la fête fut interrompue par les ennemis qui avaient fait irruption dans la tranchée. Bussy fit mettre sa compagnie à cheval et Beaujeu le suivit. Il se mit à la tête de la compagnie qu'il voulait mener à la charge. Bussy ayant refusé, Beaujeu s'avança seul à dix pas de l'ennemi pour tirer son pistolet, mais son cheval ayant été tué, il aurait été pris si Bussy n'avait fait avancer ses hommes (*Mémoires de Bussy*, t. I, p. 144, 147).

(2) Marie était fille de François de Beaujeu (v. p. 331, note 3).

(3) On trouvera plus tard une alliance avec les Boulard, dans le rameau d'Angeville et de Mézilles.

EDME

Edme de Beaujeu, fils aîné de Jean V et de Catherine de Saint-Blaise, était seigneur de la Tuilerie et de Jauge, en partie, après la mort de son père. Il hérita d'une autre partie au décès du fils de Christophe qui avait eu le fief principal.

Comme tous les gentilshommes, Edme avait pris du service pendant la guerre de trente ans, et quoiqu'il ne soit pas arrivé à un grade élevé, c'était un personnage d'une certaine importance, puisqu'il épousait, en 1644, Geneviève-Françoise de Baugy, fille de Nicolas de Baugy, ambassadeur pour le roi en Hollande, et d'Anne Parfait (1). A ce moment, ce poste ne pouvait être confié qu'à un homme d'une grande valeur et même d'une haute position, par suite des circonstances particulièrement difficiles où se trouvait la Hollande, sollicitée d'un côté par l'Espagne qui voulait reprendre son influence chez elle, et, de l'autre, par la France qui cherchait à l'attirer dans son alliance et fit reconnaître son indépendance par le traité de Westphalie, en 1648 (2).

(1) Honoré Parfait, seigneur de Garancière, était un peu plus tard contrôleur de la maison du roi (La Chesnaye-Desbois, v. Mesgrigny).

(2) Voir *Mémoires* de Richelieu, collection Petitot, t. XXVI, p. 22.

Par obligation du 28 janvier 1650, Edme de Beaujeu avait prêté 3000 francs à Catherine de Beaujeu, sa cousine, veuve de Jean Duban, seigneur de Vannaire. Catherine étant décédée elle-même, Edme dut s'adresser à sa fille, Rose Duban, alors sous la curatelle de Jean Robin, bourgeois de Paris, et, par exploit du 28 septembre 1655, il réclamait le montant de sa créance. Le 10 janvier 1656, il obtenait un arrêt qui condamnait sa débitrice à lui rembourser ladite somme de 3000 francs, avec les intérêts du jour de *la demande en justice.*

Rose s'était mariée le 19 juillet suivant; elle interjeta appel. Mais la cour, par un nouvel arrêt du 30 août 1657, rejetait sa demande et Edme obtenait jugement exécutoire, le 5 août 1658. Cependant les relations n'avaient pas, pour cela, été refroidies entre les plaideurs, car Edme était parrain, le 20 septembre 1657, du fils de ses adversaires.

Edme était mort le 10 février 1672, lorsqu'on baptisait l'enfant de sa fille Louise qui était sous la tutelle de son oncle Eugène de Baugy.

De son mariage avec Geneviève de Baugy, Edme avait eu neuf enfants :

1° Anne-Louise, marraine à Jauge les 1er et 29 novembre 1648, mariée le 6 novembre 1675, à la paroisse de Saint-Symphorien de Sens, avec

Louis le Vuyt (1). écuyer, seigneur de la Motte
de Rosoy, dont elle avait un enfant, comme l'indique l'inscription suivante recueillie sur les
registres paroissiaux de Jauge : « le dixième de
février 1692, a été baptisé un garçon né du 8,
d'entre Loys Luyth, seigneur de la Motte-Mayron
et Anne-Loyse de Beaujeu, dame en partie de
Jauge, *qui ne sont point encore mariés* ; qui
a été nommé Eugène Loys par M. Eugène de
Baugy, chevalier, seigneur du Buisson, oncle et
tuteur de ladite demoiselle et parrain, et par
Colombe Martin. » Suivent les signatures du père
et du parrain.

2° Marie-Marguerite, baptisée à Jauge, le
4 janvier 1647 et ayant pour parrain Guillaume
de Baugy, seigneur du Fay et pour marraine
Marguerite de Quelain, femme de Pierre de
Boucher (2), seigneur de Flogny. Elle épousa, le

(1) Une parenté devait exister entre les époux. Un Luyt, seigneur
de Vaumort, était marié à Marie de Moreau, fille de Claude, *seigneur de Cheu et de Jauge*, et de Marie de Beaujeu, fille de François
(v. p. 93). Les Luyt étaient des gens de robe. Pierre Luyt, fils de
noble Pierre Luyt, avocat du roi à Sens, est baptisé le 17 décembre 1632 (Arch. de l'Yonne, ville de Sens, G. G. paroisse Sainte-
Colombe). David Luyt était bailli d'Epineul et exécuteur testamentaire d'Eléonore de Beaujeu en 1704. Le 30 juin 1712 on baptisait
à Cheu Françoise-Henriette de Luyt, fille de François, écuyer, seigneur de Cheu, capitaine de grenadiers au régiment de la Rochefoucaud. La marraine était Henriette, veuve de Charles de Moreau,
et fille de Jacques de Fourvière, marquis de Coudray et de Jeanne-
Elisabeth de Grandry.

(2) Les Boucher de Flogny étaient pour ainsi dire parents (v. p. 109).

3 octobre 1673, Sébastien de Gilliers, écuyer, seigneur de Berre, fils de Pierre de Gilliers, écuyer, seigneur de Saint-Tart, et de Marie Lemercier. Le futur, veuf de Charlotte du Vignan, *est dit âgé de 83 ans et la future de 26 ans*. Le 24 juin 1674, il leur arrivait un fils, Charles-Louis, baptisé à Jauge le 26, mort le 30 décembre 1675 ; et le 25 novembre 1675, ils avaient une fille, nommée Louise-Marie par sa tante, Marie-Anne de Beaujeu.

3° Edme-François, baptisé à Jauge, le 1er juillet 1648, ayant Paul-François de Beaujeu, seigneur de Villiers-Vineux, son grand-oncle, pour parrain, et pour marraine Eléonore de Tusseau, femme de Claude-Paul de Beaujeu, son oncle à la mode de Bretagne ou de Bourgogne. Edme-François fut tué le 4 avril 1667, à 19 ans (1).

4° Nicolas-Jacques, né le 5 septembre et baptisé le 28 novembre 1649. Son parrain était Jacques de Breuillard ou du Brouillard, chevalier, seigneur de Saint-Cyr et sa marraine Marguerite Tabourel. Il est mort jeune après avoir été élevé comme page chez Mlle de Montpensier, qui, après la Fronde, avait reçu l'ordre de se retirer dans son château de Saint-Fargeau (2).

(1) Dans la campagne de Flandre qui se termina par la prise de Lille, le 27 août.

(2) Mlle de Montpensier joua un rôle très actif dans la Fronde.

5° Paul-Nicolas, mort en bas âge, baptisé à Jauge, le 10 décembre 1652. Son parrain était Nicolas de Thélys, seigneur de Roffey ; sa marraine était Catherine le Bascle, veuve de Paul-François de Beaujeu.

6° Eugène-Frédéric, gouverneur des Invalides, qui suivra ;

7° Geneviève-Françoise, née en 1657, mariée à Charles de Buffevant (1), seigneur de Percey (2), fils de Louis et d'Anne de Bretagne et décédé en 1686. De ce mariage naquit René de Buffevant, baptisé à Percey, le 4 octobre 1683, marié à Marie-Françoise de Mesgrigny qui mourait à Percey le 13 août 1714. Lui-même est décédé le 8 octobre 1730.

Elle fit même tirer le canon sur les troupes royales depuis la Bastille, le 2 juillet 1652, pour sauver le grand Condé pris entre deux feux.

(1) La famille de Buffevant était de la meilleure noblesse. Louis de Buffevant, seigneur de Chaumont (canton de Pont-sur-Yonne, arr. de Sens) avait été capitaine et gouverneur d'Auxerre pour le roi, par lettre donnée à Paris le 15 août 1572. Son petit-fils René fut aussi gouverneur d'Auxerre (Lebeuf, *Histoire d'Auxerre*, t. III, p. 419 et 569).

Les Mesgrigny ne le cédaient en rien aux Buffevant pour la noblesse et les honneurs. Françoise de Mesgrigny, la femme de René de Buffevant, était fille de Jacques-Louis, comte d'Aunay et de Charlotte, fille aînée de l'illustre Vauban et de Jeanne d'Aunay (La Chesnaye-Desbois, Moréri). Buffevant portait de gueules à trois lances d'or passées dans 3 anneaux d'argent aussi en triangle. (Abbé de Marolles, *Inv. de Nevers*). Mesgrigny avait pour armes un lion de sable sur champ d'argent.

(2) Percey, canton de Flogny, arr. de Tonnerre, n'est qu'à 3 ou 4 kil. de Villers-Vineux et de Jauge.

Geneviève est morte au château de la Tuilerie, le 1er juillet 1737, à 80 ans. Dans son testament du 5 mai 1717, Nicolas de Beaujeu, son cousin, gouverneur de Saint-Dizier, lui avait légué sa montre. Elle avait hérité de son frère Eugène-Frédéric, gouverneur des Invalides et était en procès, à ce sujet, avec les Duret de Villiers (1), auxquels elle réclamait 40.000 francs prêtés par son frère au Président Duret. Ceux-ci, de leur côté, demandaient le remboursement de 51.000 francs touchés par Eugène-Frédéric, le 17 décembre 1724.

8° Charles-Louis, né à Jauge le 3 août 1660, et qui continua la lignée.

9° Julienne-Françoise, marraine à Cheu, le 11 décembre 1687 et le 20 janvier 1709. Elle avait été marraine à Vézanne, le 10 mai 1689, de François de Chaugy, fils de Michel et de Jeanne de Moreau.

EUGÈNE-FRÉDÉRIC

Eugène-Frédéric de Beaujeu, chevalier, comte de Beaujeu, seigneur de Villiers-le-Sec, Donjeu et Maupas, maréchal des camps et armées du roi, commandeur de l'ordre militaire de Saint-Louis,

---

(1) Les Duret de Villiers étaient les descendants de Rose Duban, sœur consanguine de Pierre-François et dont il sera parlé plus loin. (Voir p. 95, note 1).

gouverneur de l'hôtel royal des Invalides, était fils d'Edme de Beaujeu, seigneur de Jauge et de la Tuilerie, et de Geneviève-Françoise de Baugy.

Il servait déjà en 1676 (1), et avait été blessé, en 1677, au siège de Valenciennes qui fut pris le 17 mars. A la paix de Nimègue il demanda un congé.

La paix ayant été signée le 11 août 1678 avec la Hollande, puis avec l'Espagne, le 17 septembre, et successivement avec l'Allemagne et le Danemark dans le courant de l'année suivante, « le roi commença à renvoyer les troupes

______

(1) D'après Pinard (*Chro. hist. militaire*, t. VII, p. 48) il avait 64 ans lorsqu'il mourut, le 26 mai 1730, ce qui mettrait sa naissance en 1666.

Selon les documents du ministère de la guerre, il était au service en 1676. Il aurait alors eu dix ans, ce qui est admissible à la rigueur, puisque son neveu Alexandre-Nicolas-Joseph était régulièrement inscrit sur les rôles du régiment à 5 ans ; mais il y a des raisons sérieuses de croire qu'il faut reporter sa naissance au moins à 1656 et lui donner par conséquent 10 ans de plus. En effet, il est parti pour la Pologne en 1678 et les mémoires qu'il a publiés à la suite de ce voyage ne sont pas d'un jeune homme, presqu'un enfant, mais d'un homme déjà mûr et qui a beaucoup vu. Il devait donc avoir au moins 22 ans et non 12. Malheureusement les registres paroissiaux de Jauge, où j'ai relevé la naissance de ses frères et sœurs, ne contiennent pas celle de Frédéric. Il y a des lacunes dans les feuillets, mais il a pu aussi venir au monde ailleurs. De plus, son frère Paul-Nicolas est né en 1652 et sa sœur Geneviève en 1657 ou 1658, *d'après son acte de décès, car sa naissance ne figure pas non plus sur les registres.* Or, cet intervalle de 5 ans n'existe pas d'ordinaire entre la venue des autres enfants, espacés de deux ans au plus les uns des autres.

étrangères et *cassa* en même temps douze mille chevaux de celles du royaume. L'Europe n'avait plus de sujet de guerres et tout le monde avait les yeux tournés vers le roi de Pologne qui songeait à la faire aux ennemis communs de l'Europe et à délivrer son pays du fâcheux voisinage des Turcs et des Tartares, peuples toujours à craindre s'ils ne craignent. Pendant ces négociations et ces apprêts de guerre, quelques officiers français passèrent en Pologne pour y retrouver une occupation que la paix venait de leur ôter partout ailleurs ; et, comme nous savions que ce voyage était prémédité par beaucoup d'autres, nous songeâmes à le faire de bonne heure pour n'être pas prévenus dans l'emploi, s'il y en avait à espérer, ou du moins dans le dessein de témoigner le zèle empressé que nous avions pour une expédition dont la cause doit en inspirer à tout le monde » (1).

Une circonstance dont il ne parle pas et qui n'était sans doute pas étrangère à sa détermination, c'est que des relations existaient entre ses parents et la famille de la reine de Pologne, fille d'Henri de la Grange, comte d'Arquien, d'une maison originaire du Berry, mais alors établie dans l'Auxerrois. Geneviève de Baugy, sa mère, avait

(1) *Mémoires du chev. de* Beaujeu, Amsterdam, MDCC, p. 9 et 10.

été marraine à Méré (1), le 15 février 1649, avec Achille de la Grange, comte de Maligny, frère d'Henri, le père de la Reine.

Eugène-Frédéric fut absent près de dix ans, parcourant la Hollande, l'Allemagne, la Pologne, la Russie, l'Autriche. Il visita Venise mais il la trouva inférieure à Amsterdam. Les détails de l'archipel de la mer Egée lui devinrent familiers.

En 1683, il était de l'expédition de Vienne, dirigée par le roi de Pologne qui sauva alors l'Empire et la chrétienté de l'invasion des Turcs (2).

Il quitta Paris, le 1er septembre 1679 et gagna Hambourg par la Seine et la mer du Nord. Il prit ce chemin par suite du peu de sûreté des routes de l'Allemagne, résultat de la querelle de l'Electeur de Brandebourg avec la ville de Hambourg. Il se rendit par la voie de terre de Hambourg à Lubeck, d'où il partit en bateau pour Dantzick. De là il se dirigea sur Varsovie. Mais la cour étant sur la frontière de Russie, dans les propriétés privées du roi, il alla la trouver, ce qui paraîtrait extraordinaire s'il n'avait eu des lettres d'introduction.

Il revint à Paris l'année suivante, chargé d'une mission de confiance, et « afin de terminer

(1) Méré, canton de Ligny, arr. d'Auxerre.
(2) Eugène-Frédéric avait préparé une relation de cette mémorable campagne pour faire la seconde partie de son ouvrage. Il est regrettable qu'il ne l'ait pas publiée.

certaines affaires de famille entre M. le duc de Béthune, ambassadeur de France à Varsovie et M. le marquis d'Arquien, son beau-père (1). »

Parti de Varsovie, le 7 septembre 1680, il fit le voyage par mer jusqu'à Hambourg et gagna Paris par la Hollande, Amsterdam, Rotterdam, Anvers et Bruxelles.

Il avait, en passant, déposé à Copenhague des *paquets* et dépêches dont il était chargé pour la cour de Danemark. Arrivé à Paris le 31 octobre, « *des affaires dont il est inutile de donner le détail* l'arrêtèrent quatre mois entiers ». Il en repartit le 2 mars 1681 « *avec quelques officiers qu'on lui donna à conduire pour leurs majestés polonaises* ».

« Il était en outre porteur de *papiers importants* et de *pierreries* pour la reine, ce qui lui fit prendre la route de mer, comme plus sûre, quoiqu'elle ne fût pas toujours infaillible. »

« A Varsovie, *il apprit du roi lui-même* (2)

---

(1) Le marquis de Béthune avait épousé la sœur de la reine de Pologne. Il descendait de François, frère de Sully, le ministre d'Henri IV.

(2) Le roi de Pologne était alors Jean Sobieski, un héros populaire, d'une ancienne famille qui avait déjà auparavant fourni de grands citoyens. Il avait, par ses victoires, porté la gloire de son pays au plus haut degré. Nommé par le roi Casimir porte-enseigne de la couronne, puis grand maréchal, il venait de battre les Turcs à Choczim en 1673, lorsque le roi Michel mourut. Il fut alors élu à sa place sous le nom de Jean III. Il fit la guerre à la Russie et

certains détails secrets au sujet de l'expédition projetée contre les Turcs. »

En somme, Eugène-Frédéric de Beaujeu, qui ne quittait pour ainsi dire pas la cour de Pologne, était un véritable courrier de cabinet, prudent, réservé et discret. Les détails qu'il donne sur les pays qu'il traverse, les mœurs des habitants qu'il décrit, les anecdotes qu'il raconte, tout en étant très intéressantes, ne servent qu'à masquer le véritable but de ses voyages (1).

Le 17 octobre 1685, avait lieu la révocation de l'Edit de Nantes (2). Ce fut le signal d'une ligue entre les protestants d'Allemagne, l'empire, l'Espagne, la Suède, et qui fut signée à Augsbourg le 9 juillet 1686. Bientôt l'Angleterre donnait son adhésion, et Louis XIV allait avoir à lutter contre l'Europe entière.

Eugène-Frédéric était rentré en France au premier bruit de guerre. Par commission du

sauva en 1683 Vienne et l'Autriche menacées par les armées musulmanes. Il mourut en 1696.

Il avait épousé une Française, Marie-Casimire de la Grange d'Arquien, veuve de Jean Radzivil, comte de Zamosk et ancienne fille d'honneur de la reine Louise, femme de Casimir II. Elle exerça sur son mari un empire absolu et souvent funeste.

(1) On pourrait s'étonner que, petit-fils de Nicolas de Baugy, ambassadeur en Hollande, il ne soit pas entré dans la carrière diplomatique.

(2) L'édit de Nantes rendu par Henri IV, en 1598, accordait aux protestants la liberté de leur culte.

20 août 1688, il levait une compagnie pour le régiment de Plessis-Praslin, et était ainsi tout prêt lorsque l'armée française envahit le Palatinat, le 30 septembre suivant. Il commanda cette compagnie à l'armée d'Allemagne, en 1689 et 1690. Major du régiment de Plessis, par brevet du 25 avril 1691, il servit cette même année à l'armée d'Italie, à celle de la Moselle en 1692, sur les côtes de Bretagne en 1693 et 1694, au pays d'Aunis, par lettre du 22 mai 1695, sur la Moselle, en 1696 et 1697.

Son régiment ayant été réformé, le 8 mai 1698, et rétabli par ordonnance du 10 février 1701, il en fut remis major, le 1er mars suivant. Il servit avec ce régiment (appelé alors Mérinville, du nom de son chef) en Allemagne, en 1702, et se distingua à la bataille de Friedlingen, au mois d'octobre. Il était au siège de Kehl, au combat de Munderkingen, à la première bataille de Hochstedt, en 1703.

Il obtenait, le 14 mars 1704, une commission pour tenir rang de mestre de camp et le 6 juin suivant il était mis à la suite du régiment Royal-Cavalerie, et servait à l'armée de Bavière en qualité de maréchal général des logis de la cavalerie, pour se distinguer particulièrement à la bataille de Hochstedt.

Il remplit les mêmes fonctions à l'armée de la Moselle sous le maréchal de Villars, en 1705, à l'armée du Rhin où il se trouvait à la prise de Drusenheim, de Lauterbourg, etc.

Le 4 juillet il obtenait un régiment de cavalerie de son nom (1) et continuait néanmoins les fonctions de maréchal général des logis à l'armée du Rhin, sous le maréchal de Villars. Il prit ainsi part à toutes les affaires en Franconie et en Souabe, en 1707. Il était sur le Rhin avec le maréchal de Brunsvick, en 1708.

Brigadier par brevet du 29 janvier 1709, il continua les fonctions de maréchal général des logis à l'armée de Flandre jusqu'en 1712. Il était à Malplaquet en 1709, à l'attaque d'Arleux en 1711, à celle de Denain, aux sièges de Douai, du Quesnoy et de Bouchain, en 1712. Passé en la même qualité à l'armée du Rhin en 1713, il servit aux sièges de Landeau et de Fribourg.

Il eut à ce dernier le talon emporté par un boulet de canon, et dut subir l'amputation de la jambe (2). Malgré cela il voulut rester sur les cadres et, son régiment ayant été réformé le 20 novembre 1713, il fut incorporé avec sa compagnie dans le régiment de Lénoncourt. Mais il

(1) C'était le régiment du nom de Marivault, levé, le 7 mars 1676, par Hardouin de Lisle, marquis de Marivault. Régiment réformé en 1698, rétabli en 1701 et enfin donné à Eug.-Frédéric de Beaujeu en 1706 (Général SUSANE. *Cavalerie*, t. III, p. 267).

(2) *Mém.* de DANJEAU, t. XV, p. 5.

comprit enfin que l'heure de la retraite était sonnée et il se retira à Paris.

Le roi lui accorda une place de commandeur de l'ordre de Saint-Louis, par provision du 30 juillet 1715, et lui remit lui-même les insignes à Marly, le lundi 29 (1). La lieutenance du gouverneur des Invalides, avec promesse de la survivance, lui fut donnée le 27 avril 1721 (2). Il entra en possession du gouvernement de l'hôtel le 11 février 1724, à la mort de M. de Boyvau, et y resta jusqu'à son décès, arrivé le 26 mai 1730 (2).

Eugène-Frédéric de Beaujeu, avant d'entrer aux Invalides, habitait à Paris, cour de Rouen, paroisse Saint-André-des-Arts. Le 24 juillet 1715, son cousin Nicolas de Beaujeu, seigneur de Chambroncourt et d'Epizon, et gouverneur de Saint-Dizier, lui avait vendu, moyennant 3000 francs payés comptant, le mobilier qui garnissait son appartement du n° 16 de la rue des Saints-Pères (3).

L'année suivante, Nicolas, dans son testament

(1) Ibid., p. 460. *Recueil des édits, déclarations, ordonnances, arrêts, etc., concernant l'hôtel royal des Invalides*, 1781, t. I, p. 263, 300, 304.

(2) Ibid. La nomination de son successeur, le chev. de Ganges, est du 29 mai et il eut pour successeur, la même année, le colonel de Bauffremont.

(3) Voir page 84.

du 1er octobre 1716, lui léguait son carrosse qui était à Paris et un petit cheval alezan.

Il avait été aussi mentionné dans le testament de sa cousine Eléonore de Beaujeu, marquise de Belval, qui reconnaissait lui devoir 200 livres.

Rentré dans le calme après une existence aussi agitée, Eugène-Frédéric cultivait ses relations de famille. Le 13 août 1719 il était parrain, à Percey, avec Françoise de Mesgrigny, femme de René de Buffevant, fils de sa sœur Geneviève.

Le 9 décembre 1721, il faisait partie du conseil de famille assemblé pour la tutelle de Louise-Armande Duret, et signait une procuration dans laquelle il disait demeurer rue Guénegaud, paroisse Saint-André-des-Arts, à Paris.

Dans une seconde procuration, en date du 26 juin 1722, pour l'émancipation de ladite Louise-Armande Duret, il est dit gouverneur *en survivance* de l'hôtel royal des Invalides, *y demeurant*.

Eugène-Frédéric de Beaujeu possédait une fortune mobilière sérieuse, dont le détail est fourni par l'inventaire fait après sa mort à l'hôtel des Invalides (1). Parmi les titres figurait l'obligation souscrite par le comte Otto de Kœnigsmarck à Eléonore de Beaujeu, marquise de Belval, dont il était héritier du côté paternel. Le

(1) Arch. de la Côte-d'Or, E. 73.

plus grand nombre des créances était sur les enfants d'André Duret et de Rose Duban, ses cousins et même sur le Président Duret, frère d'André, qui était débiteur de 40.000 francs.

Avec une quantité d'autres sommes plus petites (1), cela constituait une succession importante qui fut partagée entre les enfants de Louis-Charles de Beaujeu, frère de Frédéric, et Geneviève de Beaujeu mariée à Charles de Buffevant, sa sœur, laquelle, en 1735, était encore en procès devant le parlement de Paris, au sujet de l'héritage de son frère (2).

CHARLES-LOUIS

Charles-Louis de Beaujeu, chevalier, seigneur de Jauge et de Saint-Hubert, lieutenant-colonel

(1) Le 7 février 1719, Edme-François et Marc-Antoine Duret lui avaient emprunté 3955 fr. 9 sols 6 deniers, pour payer la veuve d'un marchand de chevaux. Le 17 avril il avait payé pour Marc-Antoine Duret 9890 liv. 10 s. à Charles Duverger de la Grange. Le 21 août de la même année, il remet encore à Marc-Antoine, alors capitaine au régiment de Chartres, une somme de 2000 fr. (Arch. de la Côte-d'Or, E. 73).

(2) Elle réclamait aux Duret les 40.000 dus par le Président, leur oncle, et empruntés sans doute pour payer sa charge. Mais les Duret prétendaient que la succession leur devait 51.000 livres, touchées indûment par Eug.-Frédéric de Beaujeu, le 17 décembre 1726, de Madame Louise de Mailly, veuve de Louis Phélippeaux, marquis de la Vrillière, comte de Saint-Florentin (Arch. de la Côte-d'Or, E. 734.

du régiment de Flandre, puis brigadier des armées du roi, commandant à Marsal (1), chevalier de Saint-Louis, était le huitième enfant d'Edme de Beaujeu et de Geneviève de Baugy. Ses frères Edme-François, Nicolas-Jacques et Paul-Nicolas étant morts jeunes, et Eugène-Frédéric plus âgé que lui n'ayant pas contracté d'alliance, il finit par se trouver le chef de la famille et continua la lignée.

Il naquit à Jauge, le 3 août 1660 et fut baptisé le 23 du même mois. Il eut pour parrain M. Charles Dubourg, chevalier, seigneur de Maloiches et autres lieux ; sa marraine était Louise de Moreau, épouse de Claude de Lacroix, chevalier, vicomte de Lemoyne (2).

Dès le 30 octobre 1673, après la mort de son père, il était qualifié écuyer, au mariage de sa sœur, Marie-Marguerite, avec Sébastien de Gilliers. On lui donnait encore ce titre à l'inhumation de son neveu Louis de Gilliers, le 30 décembre 1675, dans la chapelle du Rosaire de l'église de Jauge.

Charles-Louis de Beaujeu avait eu une jeunesse quelque peu turbulente, comme presque tous les gentilshommes de ce temps. En 1678, lorsqu'il était mousquetaire dans la compagnie

(1) Marsal, canton de Vic, arr. de Château-Salins, ancien département de la Meurthe, avait été conservé par la France à la paix de Ryswick, le 20 septembre 1697.

(2) Voir page 94 note.

de M. de Jonvelle, il avait fait du scandale dans l'église de Jauge avec un certain de Gilliers qui devait être le fils de Sébastien de Gilliers, son beau-frère. Les deux complices avaient été condamnés à la prison par le Parlement de Paris et mis à la Bastille, le 29 janvier 1679. Comme un autre mousquetaire du nom de Beaujeu (1) et de la même compagnie avait déserté, Colbert invita le procureur général à ouvrir une enquête. Elle n'amena aucune charge nouvelle contre Charles-Louis, car il fut mis en liberté le 11 mars, sur un ordre du roi, mais avec défense de rentrer dans Paris (2).

Il fit un nouveau séjour à la célèbre prison en 1700, et fut inscrit sur le livre d'écrou le mercredi 21 juillet. C'était encore à la suite de tapage et de violences, mais cette fois chez un baigneur, avec de la Rivière, mousquetaire, du Mesnil, capitaine de dragons, de Caffaro, etc... Il est alors qualifié comte de Beaujeu, capitaine d'infanterie et Comtois (3). Il avait en effet quitté les mousque-

(1) La famille du Mesnil-Simon Beaujeu, d'origine champenoise, était très en vue et ses membres étaient le plus souvent désignés simplement sous le nom de Beaujeu, ce qui pouvait amener une confusion.

(2) Arch. nat., O¹ 23, p. 10, 34, 64. RAVAISSON, *Arch. de la Bastille*, t. VIII.

(3) Le seul et dernier représentant de la maison de Beaujeu en Comté, à cette époque, était Edme-Louis-Nicolas, qui depuis 1690 était lieutenant-colonel du régiment de dragons-Fallon (v. II⁰ par-

taires lorsque le séjour de Paris lui avait été interdit, et il était capitaine au régiment de Flandre-Infanterie depuis un certain nombre d'années, car, le 8 décembre 1694, il est désigné ainsi sur les registres paroissiaux de Jauge, lorsqu'il fut parrain, avec sa sœur, Mme de Buffevant, de l'enfant du cocher de celle-ci.

Le 22 février 1709, Charles-Louis de Beaujeu épousait Françoise de Pallas (1), fille de Joseph de Pallas, chevalier de Saint-Louis, capitaine de vaisseau attaché au port de Toulon et de Claire Terras.

En 1716, Charles-Louis était lieutenant-colonel au régiment de Flandre. Il avait alors plusieurs filles, mais il n'avait que deux fils, Alexandre-Nicolas-Joseph et Eugène-Frédéric, le puiné, tous deux légataires de Nicolas de Beaujeu, seigneur de Chambroncourt et d'Epizon, dans son testament du 5 mai 1716. Lui-même héritait d'une casaque rouge à bouton d'or, de six chemises de dentelles, des cravates et des pistolets de son cousin. Françoise de Pallas, sa femme,

tie, p. 218). Il ne pouvait donc y avoir de confusion, mais Charles-Louis, par cette distinction qui indiquait l'origine de ses ancêtres, se trouvait différencié des Mesnil-Simon-Beaujeu (v. note 1).

(1) Famille d'origine espagnole. Dans un baptême à Jauge, Françoise est dite de Pallas d'*Aligre*. En 1573, Jean de *Pallasse* est curé de Maizières-sur-Amance, après avoir été curé d'Anrosay. En 1584, Nicolas de *Pallasse* est prieur de Coublans et devient prieur de Fouvent (abbé Rousset, *Diocèse de Langres*, t. II, p. 282 et 449.

recevait la berline et les chevaux. Mais, par exploit du 20 avril 1718, il était assigné à la requête d'Anne de la Rochette et de sa fille, Marie-Justine de Clermont d'Amboise, cousine germaine (1) et nièce de Nicolas et ses héritières naturelles. Elles se prétendaient lésées par le testament et Charles-Louis fut obligé de remettre entre les mains de son procureur ses intérêts et ceux de ses fils. Il est dit alors brigadier des armées du roi, et comme tel il devint gouverneur de Marsal, où il mourut en 1727. Françoise de Pallas était morte le 16 octobre 1724, laissant les enfants suivants, tous gratifiés d'une pension de cent dix-huit livres par le roi, en 1727, en considération des services rendus par leur père, *brigadier des armées du roi et commandant pour Sa Majesté*, à *Marsal* (2) :

1° Claire-Françoise, élevée à Saint-Cyr, née en 1710, encore vivante le 21 avril 1790, d'après la liste des pensions du trésor ;

2° Alexandre-Nicolas-Joseph, né en 1711 ;

3° Eugène-Frédéric, né en 1712 et destiné à l'église, mais mort jeune, après 1716 ;

4° Madeleine-Charlotte, élevée à Saint-Cyr, née

(1) Anne de la Rochelle était fille de Marguerite de Beaujeu, sœur d'Antoine, père de Nicolas. Voir page 73.

(2) La liste des pensions a été publiée dans les *Archives Parlementaires,* t. XIII, XIV et XV. M. St. Leroy a donné les pensionnés franc-comtois dans le *Bulletin de la Société grayloise d'Emulation* de 1899.

en 1713, encore vivante en 1790 et religieuse professe à l'abbaye royale de Notre-Dame de Jouarre (1) ;

5° Marie-Anne-Ursule, élevée à Saint-Cyr, née en 1715, religieuse aux Ursulines de Dieppe, en 1790, morte à Champlitte, le 25 vendémiaire an XIII (16 octobre 1799).

6° Louis-Nicolas-François, comte de Beaujeu, chambellan et capitaine des gardes de l'Empereur d'Allemagne Charles VII, né en 1717, fut d'abord lieutenant puis capitaine au régiment de Flandre. Il fit partie du corps d'armée envoyé par la France, en 1741, après la mort de Charles VI, pour soutenir la candidature de l'électeur de Bavière à l'empire. A la suite du couronnement de ce prince à Francfort, le 24 janvier 1742, sous le nom de Charles VII, Louis-Nicolas-François fut nommé chambellan par lettres données au camp devant Francfort, le 25 décembre 1742. Il reçut le titre de capitaine aux gardes du corps par brevet donné à Munich, le 28 avril 1743, et qui constate « qu'il s'est toujours comporté avec honneur et d'une manière digne d'un officier. »

Après la mort de l'Empereur en 1745, il continua ses fonctions auprès de son fils l'électeur Maximilien de Bavière, qui, à son départ pour

---

(1) Jouarre, à 19 kil. de Meaux, canton de La Ferté-sous-Jouarre. L'abbaye a été fondée en 630, par Adon, frère de saint Ouen.

la France après la mort de sa femme, lui donna des certificats et passeports élogieux, le 12 mai 1749 (1).

Il avait épousé une Kinski (2), famille princière qui existe encore, mais il n'en eut pas d'enfant. Il se fixa à Champlitte, et le 24 mai 1753, il représentait l'électeur de Bavière, qui avait accepté d'être parrain du fils de son frère, Charles-Raymond.

A 68 ans, le 10 janvier 1785, Louis-Nicolas-François épousait demoiselle Claude-Louise Legrand, fille de Clément Legrand, docteur en médecine et d'Edmée Loyauté (3). En vue de ce mariage une donation entre vifs servant de contrat avait eu lieu le 8, devant Me Champion, notaire à Champlitte. Elle laissait au survivant la propriété de tous les meubles, bijoux, vaisselle, argent monnayé, billets, cédules, obligations, sans préjudice d'une somme de 3000 francs donnée pour joyaux à la future (4).

De ce mariage était née une fille, ainsi inscrite sur les registres paroissiaux de la ville de Champlitte : « L'an 1786, le 11 janvier a été baptisée

(1) Ces différents documents sont aux Arch. de la Côte-d'Or, E. 73.

(2) Les Kinski portaient de gueules à trois dents de loup d'argent, la pointe en bas.

(3) Edmée Loyauté était fille de M. Loyauté, conseiller du roi et receveur des traites foraines à Saint-Maurice-sur-Vingeanne.

(4) Arch. de la Haute-Saône, B. 1293.

Louise-Antoinette-Appoline de Beaujeu, fille de messire Louis-Nicolas-François, comte de Beaujeu, ancien chambellan de l'empereur Charles VII et son capitaine aux gardes, et de dame madame Claude-Louise Legrand, épouse dudit seigneur comte de Beaujeu. Elle a pour parrain haut et puissant seigneur Claude-Jean-Antoine d'Ambly, chevalier, marquis d'Ambly, et pour marraine Mme Anne-Appoline de Berman, douairière de messire Charles-Raymond, comte de Beaujeu, etc. »

Louise-Antoinette-Appoline de Beaujeu mourut l'année suivante, le 18 octobre, à 21 mois. Au moment de la Révolution, Louis-Nicolas-François, abandonnant la particule, devint le citoyen *Beaujeu* et continua d'habiter Champlitte où il décéda à 81 ans, le 29 pluviôse an VI (17 février 1798). Sa tombe est au cimetière de la ville. Mme de Beaujeu est morte le 18 brumaire an XI (8 novembre 1802).

7° Charles-Raymond, comte de Beaujeu, seigneur de Morteau (1), chambellan de l'empereur Charles VII, chevalier de l'ordre de la clef d'or, né en 1720, fut d'abord lieutenant au régiment de Flandre, puis capitaine au régiment de la Marze (?) infanterie. Il suivit son frère en Allemagne, en 1741, et devint comme lui chambellan de l'empereur Charles VII, et, ensuite de son

(1) Morteau, canton d'Andelot, arr. de Chaumont.

fils l'électeur Maximilien de Bavière, puis il rentra aussi en France, en 1749, pour se fixer à Champlitte. En 1751, il épousait Appoline de Berman, fille de Nicolas de Berman, seigneur d'Uzemain (1) et de Morteau, *lieutenant de commandant* de dragons dans la compagnie franche

(1) Uzemain, canton de Xertigny, arr. d'Epinal. Morteau, canton d'Andelot, arr. de Chaumont, Haute-Marne. Nicolas de Berman était fils de Louis et de Louise d'Uzemain. Il mourut à Brottes, le 17 janvier 1730 et était venu s'établir dans ce village à la suite de son mariage avec Marie-Barbe Tugnot, dont la famille était originaire de Brottes. Les Berman étaient d'origine alsacienne et de bonne noblesse, on les trouve en Lorraine dès le xiv° siècle ; de là ils arrivent en Champagne où ils avaient acquis la baronnie de Lanques (cant. de Nogent, arr. de Chaumont) à la suite d'une alliance avec les Choiseul, auxquels Lanques appartenait alors. Hanus de Berman, seigneur d'Uzemain et d'Isches avait eu deux femmes : 1° Jeanne Le Galland, dont Françoise, femme de Simon de Pouilly, comte de Loupy, etc., conseiller d'Etat, maréchal de Lorraine. Thècle de Choiseul, sa deuxième femme, était fille de Nicolas et de Renée de Lutzelbourg, et il l'avait épousée le 1er janvier 1587. Il en eut un fils, Louis-Claude, marié, en 1621, à Elisabeth de Séraucourt, dont une fille, alliée à Claude-Godefroy de Chandon de Brialle, qui fut ainsi baron de Lanques (LA CHESNAYE-DESBOIS, t. XII, Rennel). Hanus avait un frère, Antoine, qui donna naissance à une autre branche. Il était aussi seigneur d'Uzemain et marié à Christine de Chastenois. Ses descendants étaient dans la magistrature. Une autre branche était attachée par ses fonctions à la cour du duc de Lorraine. Le 3 juin 1575, Jean de Berman, *valet de chambre* du duc Charles III, obtenait d'ériger un signe patibulaire à Uzemain. Sa femme était Béatrix du Bourg, fille de Jacques. En 1635, Jean de Berman II était gruyer du comte de Vaudémont (Arch. de Meurthe-et-Moselle, B. 10.167). Les Berman portaient : d'or à une bande de gueules, accompagnée de deux ours de sable (le mot allemand *bar* signifie ours).

de M. de Brialle, demeurant à Brotte-les-Ray et de Marie-Barbe Tugnot (1). Il en eut :

a) Louis-Charles-Marie, baptisé le 31 mars 1752, et ayant pour parrain son oncle Louis-Nicolas-François et pour marraine sa grand'mère de Berman.

b) Maximilien-Joseph, né le 3 avril 1753. Il eut pour parrain et marraine l'électeur Maximilien de Bavière, et Marie-Anne, princesse de Saxe, électrice de Bavière, épouse de Maximilien, remplacés par Louis-Nicolas-François de Beaujeu, et Jeanne-Françoise-Gabrielle de Berman, oncle et tante du nouveau né. Maximilien-Joseph de Beaujeu mourut le 26 mai 1753.

c) Nicole-Marie-Antoinette-Appoline, baptisée le 30 août 1754. Son parrain était Antoine, marquis de Buffevant (2), chevalier, seigneur de Percey et la marraine la marquise de Buffevant. Elle était née posthume, et ne vécut que jusqu'au 13 avril 1755.

Charles-Raymond était mort à 34 ans, le 15 juillet 1754, et avait été inhumé au cimetière. Sa femme, Anne-Appoline de Berman trépassa le 22 messidor an VII (10 juillet 1799), à 82 ans. Le

---

(1) Les Tugnot étaient originaires de Brotte-les-Ray, canton de Dampierre-sur-Salon, arr. de Gray. Etant simples marchands, ils avaient obtenu la permission de posséder des biens de noblesse. Barbe était fille de Jean Tugnot, docteur en droit, avocat au Parlement, juge à Champlitte, et de Christine Arvisenet.

(2) Voir page 119.

13 février 1773, elle avait, ainsi que sa sœur Françoise-Gabrielle de Berman, fait donation de ses droits sur Morteau à Alexandre-Nicolas Joseph, frère de son mari, qui prit possession le 2 mars suivant.

8° Geneviève, née en 1721, et qui trouva la mort, à 6 ans et demi, dans un incendie au château de la Tuilerie, en 1728.

ALEXANDRE-NICOLAS-JOSEPH

Alexandre-Nicolas-Joseph, comte de Beaujeu, inspecteur général des côtes maritimes des provinces de Poitou, Aunis, Saintonge, Guyenne, Roussillon, Languedoc et Provence, maréchal des camps et armées du roi, chambellan de l'Empereur d'Allemagne Charles VII, était le fils aîné (1) de Charles-Louis de Beaujeu, lieutenant-colonel au régiment de Flandre et de Françoise de Pallas

---

(1) La Chesnaye-Desbois et le *Dictionnaire héraldique, historique et chronologique*, p. M. D. L. C. D. B., 1761, donnent comme aîné François, seigneur de Jauge, capitaine au régiment de Flandre, qui ne doit être que le n° 4, lequel portait le nom de Louis-Nicolas-*François*. C'est une erreur démontrée par le testament de Nicolas de Beaujeu, gouverneur de Saint-Dizier (voir p. 85), qui laisse la plus grande partie de son héritage aux fils de Charles-Louis et les nomme dans cette pièce, en date du 1er octobre 1716. Il n'y avait alors qu'Alexandre-Nicolas-Joseph et Eugène-Frédéric. Louis-Nicolas-François vint au monde en 1717, car il est âgé de 81 ans lorsqu'il meurt, le 1 ventôse an VI, v. p. 137.

d'Aligre. Entré au service comme enfant de troupe, il était inscrit, en 1714, *à peine âgé de 5 ans* (1), comme enseigne dans le régiment de Flandre. Porté comme lieutenant en second en 1718, à huit ans, *il servit* aux sièges de Fontarabie et de Castellione, en 1719. Lieutenant en 1722, il passa lieutenant de la colonelle avec rang de capitaine, le 22 juillet 1723, servit au siège de Gerra d'Adda, de Pizzighetone, du château de Milan en 1733, de Tortone, de Novare, à la bataille de Parme, en 1734. Pourvu d'une compagnie le 28 juillet, il la commandait à la bataille de Guastalla et au siège de la Mirandole, la même année ; à ceux de Reggio, de Revero et de Gonzague, en 1735.

Il rentra en France au mois d'août 1736, passa en Corse au mois de janvier 1739 et quitta la compagnie et le service en 1740, pour se rendre en Allemagne. L'Empereur Charles VI était mort le 20 octobre et l'Electeur de Bavière se portait

(1) Les états de service d'Alexandre-Nicolas-Joseph sont donnés par Pinard, commis de la guerre, qui les a recueillis dans les archives du ministère et ne peuvent par conséquent pas être contestés. Le chevalier de Grignan, frère du gendre de Mme de Sévigné, eut pour successeur son neveu qui avait 18 ans lorsqu'il fut fait mestre de camp (colonel), et il était depuis un an capitaine (Général Susane, *Cavalerie*, t. II, p. 117). Claude-Henri-Eugène, marquis de Vaudrey, était aide-de-camp du prince de Conti, à 15 ans, lorsqu'il mourut, le 10 septembre 1741 (Arch. de l'Yonne, G., commune de Sormery, cant. de Noyers).

prétendant à sa succession avec l'appui de la France, dont son père avait été l'allié fidèle. Alexandre-Nicolas-Joseph fut alors autorisé à prendre du service dans ses troupes avec d'autres gentilshommes français, et l'année suivante, Louis XV lui envoyait une armée de 40.000 hommes qui contribua puisamment à le faire couronner à Francfort, le 24 janvier 1742, sous le nom de Charles VII. Nommé chambellan par ce prince, en même temps que ses frères Charles-Raymond et Louis-Nicolas-François qui devint même capitaine des gardes du corps, Alexandre-Nicolas-Joseph se maria en Bavière avec Marie-Jeanne, baronne de Franken, dont il eut plusieurs enfants. Mais l'Empereur Charles VII étant mort en 1745, et son fils Maximilien ayant été forcé de renoncer à toute prétention à la couronne impériale, Alexandre-Nicolas-Joseph rentra en France et reprit du service en 1747. Le 21 juillet, il obtenait une commission de colonel réformé à la suite du régiment de la Marck. Il eut, le 1er août suivant, une compagnie dans le régiment d'infanterie allemande de Madame la Dauphine (1), qu'il commanda au siège de Maëstricht. Ayant quitté cette compagnie au mois de

____

(1) Les régiments comme les compagnies de mousquetaires avaient quelquefois pour chef honoraire les membres de la famille royale : la reine, le dauphin, etc.

janvier 1749, il fut remis colonel réformé à la
suite du régiment de la Marck, par ordre du
20 du même mois. Il se trouva avec ce régiment
à la bataille d'Hastenbeck et à celle de Rosbach
en 1757 et fut employé comme colonel en Normandie, en juin 1758.

Brigadier par brevet du 10 février 1759, il fut
nommé, au mois de mars, inspecteur général et
directeur des côtes maritimes de Poitou, Aunis,
Saintonge, Guyenne, Roussillon, Languedoc et
Provence, et servit en cette qualité pendant le
reste de la guerre. Il fut employé en Guyenne en
1760 et reçut, le 25 juillet 1762, le brevet de
maréchal de camp (1).

Le traité de Paris, du 10 février 1763, en abandonnant nos colonies à l'Angleterre, mettait fin
à la guerre, et Alexandre-Nicolas-Joseph de Beaujeu prenait sa retraite avec une pension de 3000
livres réversible sur sa fille.

Charles-Raymond de Beaujeu, le frère d'A-
lexandre-Nicolas-Joseph et de Louis-Nicolas-
François, était mort le 15 juillet 1754 et sa fille
posthume ne vécut que jusqu'au 13 avril 1755.
Elle laissait à ses oncles, ses héritiers pour la
ligne paternelle, une partie de la seigneurie de
Morteau qui avait été donnée à son père, le 24
mars 1753, par sa tante Gabrielle-Elisabeth de

(1) *Chronique historique et militaire*, par PINARD, commis au
bureau de la guerre, t. VII, p. 541 : maréchaux de camp.

Berman, veuve de François-André-Joseph de Maillard. Le 13 février 1773, Alexandre-Nicolas-Joseph devenait seul propriétaire de toute la terre par une cession de sa belle-sœur et de Gabrielle-Françoise, célibataire majeure, autre sœur de Mme de Beaujeu. Son fondé de pouvoir prenait possession le 2 mars et, le 18 mai, il se faisait donner une déclaration par l'ancien fermier (1).

Il fit alors réparer le château où ses armes (2) se voient encore sur la façade et sur les plaques des cheminées, et il y vécut jusqu'à sa mort.

Dans son testament daté de Morteau, le 27 mars 1776, il lègue ses vêtements et une rente à Marguerite Chauffour, sa gouvernante, « en récompense des services qu'elle lui a rendus dans l'abandon où il était dans ce désert et qu'il aurait été en droit d'attendre de sa famille; et comme le roi a bien voulu lui accorder une pension de trois mille livres réversible sur Charlotte-Louise,

(1) Arch. du château de Morteau.

(2) Ces armes, écartelées, portent aux 1 et 4 : burellé de dix pièces ; aux 2 et 3 : un lion avec un lambel de cinq pendants. De même qu'Edme-Nicolas-Louis, le dernier des Beaujeu de la branche de Montot, Alexandre-Nicolas-Joseph avait ajouté à ses armes le lion des Beaujeu-Forez, lorsque d'Hozier eut dressé la généalogie de la maison de Beaujeu, en 1676. D'Hozier avait fait descendre cette maison d'Humbert III marié à Auxilie de Savoie. Mais c'est une erreur que rien ne justifie et qui est absolument démontrée par les documents que j'ai recueillis. On a du reste souvent reproché à d'Hozier des erreurs de ce genre et qui étaient destinées à flatter l'orgueil de ses clients.

comtesse de Beaujeu, sa fille, il veut que la rente
de sa gouvernante soit payée sur ces 3000 livres. »

Une note imprimée (1) qui accompagnait le
testament est ainsi conçue : « D O M. Ici choisit
sa sépulture très haut et très puissant seigneur
Mgr Alexandre-Nicolas-Joseph, comte de A. R...
Morteau, etc. En lui et très haut et très puissant
seigneur Mgr Louis-Nicolas-François, comte de
Beaujeu, son frère, lequel n'a point eu de postérité de feue très H. et T. P. Dame madame la
comtesse de Beaujeu, née princesse de Kinsky,
son épouse, finit (2) l'ancienne et illustre maison
de Beaujeu, qui depuis le Xe siècle auquel remonte
ses filiations par titres originaux, *déposés dans
les archives du château de Morteau* (3), s'est
alliée successivement avec la maison royale de
France, les anciens empereurs de Souabe (4), etc...
De son mariage avec feue T. H. et T. P. dame
madame Marie-Jeanne, comtesse de Beaujeu, née

(1) Cette note était destinée à compléter les documents généalo-
giques de la maison de Beaujeu qui se trouvaient alors à Morteau.

(2) Alexandre-Nicolas-Joseph oubliait les Beaujeu de Mézilles
que sa fille devait reconnaître comme de sa famille, puisqu'elle
était marraine le 8 octobre 1783, de Charlotte-Louise-Henriette,
fille de Jacques-Henri et de Louise-Marie Aymon de Montépin.

(3) Malheureusement ces titres n'existent plus à Morteau : ils
ont dû être emportés par Charlotte-Louise, lorsqu'elle a vendu la
terre.

(4) Il fait allusion au mariage de Thibaut de la branche aînée
avec Catherine de Vienne, fille d'Agnès de Bourgogne, par laquelle
elle descendait de l'empereur Frédéric Barberousse (voir Ire partie
de l'*Hist. généalogique de la maison de Beaujeu*).

baronne de Franken et du Saint-Empire, il ne lui reste de ses enfants que T. H. et T. P. dame madame Charlotte-Louise, comtesse de Beaujeu, sa fille, aujourd'hui chanoinesse du chapitre royal et séculier de Saint-Louis de Metz.

H. M. P.

D M.

An. MDCCLXXIV. »

Charlotte-Louise, après la mort de son père, épousa Henri des Granges-Surgères (1). Elle avait aliéné une partie de Morteau, le 5 février 1778, mais elle avait conservé le reste et fut maintenue en possession pendant la période révolutionnaire, ensuite d'une requête du 30 nivôse an II (19 janvier 1794), dans laquelle elle demandait cette faveur. Elle céda tous ses droits, le 5 janvier 1802 (16 nivôse an IX) à Jacques Paillette, et son mari donna son approbation, le 25 nivôse (14 janvier) suivant.

Dans une procuration qu'elle signa le 4 germinal an XII (24 mars 1804), elle se dit veuve. Elle dut mourir en 1805.

(1) Arch. du château de Morteau. Les des Granges de Surgères, marquis de la Flacelière et de Puiguyon, étaient du Poitou. Ils avaient pour armes : de gueules fretté de vair, et pour devise : Post tenebras spero lucem.

CHAPITRE IV

BRANCHE DE VILLIERS-VINEUX

PAUL

Paul de Beaujeu, troisième fils de Jean III de
Beaujeu, seigneur de Chazeuil et de Jauge et de
Gilberte de Beaurepaire, fut l'auteur de la branche
secondaire de Villiers-Vineux (1), seigneurie qui
lui venait de sa femme, Madeleine du Mesnil,
fille de Nicolas, seigneur d'Arentières.

Après la mort de son père, Paul avait eu pour
tuteur, ainsi que ses frères et sœurs, son oncle
Philibert, évêque de Bethléem, ce qui ne l'empêcha pas d'embrasser la Réforme, comme son frère
plus âgé Jean (2), et de jouer un rôle des plus actifs
dans les événements de l'époque. L'explication
de sa conduite pourrait se trouver dans la mort
prématurée de son oncle Philibert, en 1555, et

(1) Villiers-Vineux, canton de Flogny, arr. de Tonnerre, Yonne,
à 3 kilom. de Jauge.
(2) Voir p. 50.

aussi dans cette circonstance qu'entré au service il devint *guidon* de la compagnie de Gendarmes de l'amiral Coligny, qui l'avait pris en affection. Or, on sait l'influence qu'exerçait le célèbre homme de guerre sur tous ceux qui l'entouraient.

Se sentant compromis, Paul de Beaujeu avait cru devoir quitter le pays, après la bataille de Saint-Denis, où les Huguenots furent défaits par les Suisses, le 10 novembre 1567. Le pillage de la ville d'Auxerre par ses coreligionnaires, au mois d'octobre précédent, n'avait peut-être pas été aussi sans contribuer à sa résolution. Toujours est-il qu'on le voit au milieu des protestants qui avaient gagné Montbéliard, dont les princes favorisaient les idées nouvelles.

Le nombre des étrangers était devenu si grand qu'on dut, par prudence, prendre des mesures d'ordre. Le 10 janvier 1568, trois conditions furent imposées aux réfugiés pour pouvoir résider dans la ville : 1° se conformer aux lois et règlements de la principauté ; 2° s'abstenir de toute assemblée particulière et se contenter des cérémonies religieuses et prêches du pays ; 3° ne rien comploter contre les Suisses, Bourguignons et autres voisins (1).

(1) *Bulletin de la Société d'émulation de Montbéliard*, t. XIV, p. 2 et 5. Les archives de Montbéliard ont conservé les noms des

Paul de Beaujeu apposa sa signature avec les Montigny, Ribeaupierre, Saint-Amour, etc. Néanmoins, si on en juge par sa conduite postérieure, il est probable qu'il était avec les troupes de Volfgang, duc des Deux-Ponts et tuteur des jeunes princes de Montbéliard, lorsqu'il envahit la Franche-Comté, en 1569.

En prenant le chemin de l'exil, Paul de Beaujeu n'avait pas abandonné ses intérêts dans l'Auxerrois, où les querelles religieuses n'empêchaient pas les procès de suivre leur cours. Il était alors en discussion relativement à la seigneurie de Percey, voisine de Villiers-Vineux, qui revenait à sa femme Madeleine du Mesnil et à ses frères et sœurs, Edme du Mesnil, écuyer, Marie et Marguerite du Mesnil, du chef de Jeanneton du Rollet, leur mère. Madeleine avait acquis les droits de ses frères et sœurs, mais la possession lui en était disputée par Françoise Léger (1), veuve d'Adrien

principaux réfugiés. En 1586, on y voit Guillaume Stuart, de la famille des rois d'Ecosse, seigneur de Vézinnes, avec sa femme, sa fille et six autres personnes. Ferry de Crèvecœur, gendre de Guillaume Stuart ; François de Courtenay dont la sœur Anne épousa Sully ; Guillaume de la Trémouille, Antoine de Choiseul, baron de Lanques, Fouvent, la Ferté-sur-Amance, avec sa femme, un petit-fils (9 personnes) ; Anne de Choiseul, veuve de François de Choiseul, seigneur de Pressigny, fils d'Antoine et d'Anne de Ray, anciens seigneur et dame de Beaujeu (ib., p. 19-34).

(1) Françoise Léger était petite fille de Jeanneton du Rollet et de son premier mari Gaston du Mas, dont la fille avait épousé Claude Léger, père de Françoise. Les Léger possédaient une partie de Villiers-Vineux.

de Fauquenberg, seigneur de Chaumont (1), Loyse de Fauquenberg, femme de Louis de Soubmeremont, seigneur de la Celle-sur-Loire, Edmée Lefort, veuve d'Odo de Fauquenberg (2).

Après appointement du 27 avril 1570, pour mettre la propriété en *surséance* jusqu'au prononcé du jugement, Paul de Beaujeu obtenait, le 12 août 1570, des lettres *royaux*, confirmés par un jugement définitif du 19 avril 1572, qui le maintenait en possession de Percey et défendait à ses adversaires de le troubler dans sa jouissance (3).

Cette même année, à la suite du rappel de Coligny auprès du roi, ce qui avait fait croire à la paix religieuse, Paul avait quitté Montbéliard. Il était de la petite armée de 7000 hommes envoyés sous les ordres de Genlis au secours de Mons, menacé par les Espagnols ; mais les Français furent taillés en pièces, le 11 juillet 1572. Paul s'échappa à grand peine et le lendemain à la diane « nos « portes étaient envahies par des soldats à pied et « à cheval s'étant sauvés de cette défaite, et des-

(1) Chaumont, canton de Pont-sur-Yonne, arr. de Sens, Yonne.
(2) Clément de Fauquenbergue était greffier du Parlement de Paris en 1429. Il inscrivit le 10 mai la prise d'Orléans par Jeanne d'Arc, et traça en marge un portrait de l'héroïne, qu'il n'avait peut-être jamais vue (Le *Petit Journal* du 12 janvier 1896 a donné ce portrait).
(3) Arch. de la Côte-d'Or, E. 73.

« quels nous ne croyions pas tous les discours,
« jusqu'à ce que le capitaine Beaujeu, guidon
« de la compagnie de gendarmes de l'amiral
« Coligny arrivé avec environ trente chevaux de
« sa cornette, si éperdu qu'à peine pouvait-
« il rendre compte et par ordre de ce com-
« bat (1). »

A la nouvelle de la Saint-Barthélemy, Paul
s'était empressé de regagner Montbéliard, laissant
à Madeleine du Mesnil le soin de s'occuper de
leurs affaires. Les habitants de Butteaux, la Chaussée et Cheu, villages voisins de Villiers-Vineux
et Percey, étaient poursuivis par les officiers du
bailliage pour une somme de 200 livres en principal et 169 livres de frais qu'ils devaient à la
suite d'un procès au sujet de leurs pâturages et
communaux. Etant dans l'impossibilité absolue
de payer cette somme, ils préférèrent renoncer
aux terres en question, et Madeleine du Mesnil,
se disant femme de M. Paul de Beaujeu, écuyer,
seigneur de Chazeuil en partie (2), desdits lieux
de Butteaux, la Chaussée et autres, offrit de payer
à la condition qu'on lui abandonnerait les ter-
rains. Elle leur faisait remarquer en outre qu'elle

(1) *Mémoires de la* Huguerie, par le baron de Rubbe, t. I,
p. 122.

(2) Paul avait eu, d'après cela, une partie de la seigneurie de
Chazeuil, mais il l'avait sans doute cédée, car il ne paraît pas lors
de la vente du 15 décembre 1584 (voir p. 92, 93).

n'entendait pas être responsable de leur redevance d'un boisseau par feu au seigneur de Jauge (1).

La convention fut signée, le 4 avril 1574, devant Charles Therriat, prévôt de Saint-Florentin, assisté de son greffier, Jean Pirouelle, et du collecteur des tailles, Jean Vallet (2), sous la promesse de faire ratifier par Paul.

Paul de Beaujeu avait signé, en 1568, l'engagement de ne rien entreprendre contre les voisins de la principauté de Montbéliard : mais le temps avait sans doute modifié ses sentiments, car il se trouvait bientôt mêlé à toutes les intrigues de la fraction remuante de son parti, dont il était déjà devenu pour ainsi dire le chef. Le 21 juin 1575, il était à la tête des réfugiés protestants qui essayaient de surprendre Besançon, avec l'aide des calvinistes de Suisse (3).

Le fait est ainsi rapporté dans les lettres accordées, le 18 septembre 1665, à Jean et Jacques

---

(1) François de Beaujeu, frère de Paul.

(2) Arch. de la Côte-d'Or, E. 1086.

(3) Le récit de l'aventure a été fait par dom Grappin dans son livre : *Guerres du xvi⁰ siècle dans la comté.* « On devait pénétrer « par la porte de Varasque. Le portier convaincu d'avoir livré cette « porte aux ennemis fut condamné à périr entre quatre murs, sup« plice des traîtres. Quand on jeta les fondations de la citadelle en « 1668, on trouva les os de ce malheureux avec ses clefs et une « inscription qui relatait la cause de son supplice » (dom Grappin p. 86, 87).

Mairet, petits fils de Jean Mairet, qui contribua puissamment à empêcher la réussite de l'expédition. « Jean Mairet s'étant trouvé le troisième à « faire barricade et tendre les chaînes proche « le palais de Granvelle, devant la maison de « M. de Prugney, qui est à présent celle de « M. de Broissia, il renversa et blessa le chef « de l'entreprise, dit le capitaine de Beaujeu, « *Lorrain*, et tua son cheval d'un coup de halle- « barde... etc. » Paul de Beaujeu parvint cependant à s'échapper avec les débris de sa troupe, et regagna Montbéliard. Ils se virent d'abord refuser l'entrée de la ville ; mais les bourgeois « *s'intitulant gouverneurs de leur ville* » et « *faisant preuve d'indépendance* », les reçurent le 24 juin.

Cela était absolument contraire au droit des gens et faisait de la ville de Montbéliard un foyer d'intrigues et de conspirations, qui devaient attirer plus tard sur elle des conséquences funestes.

Les hostilités entre catholiques et protestants quelquefois apaisées, toujours rallumées, entretenaient un état permanent de guerre civile, malgré la paix de Bergerac, signée le 17 septembre 1577, et les conférences de Nérac, en février 1779. Le 22 octobre suivant, Paul de Beaujeu, portant le titre de colonel, était avec Mallerois à la tête d'un corps de trois à quatre mille protestants français qui occupaient les environs de Belfort et d'Héricourt après avoir stationné autour de Luxeuil; mais l'intervention du canton de Bâle obligea cette troupe à se retirer du côté de la Lorraine.

C'est alors que le comte Frédéric, prévoyant pour ses États les représailles des catholiques, commença à devenir plus prudent. A la suite du colloque tenu par Théodore de Bèze, en mars 1586, il crut devoir prendre quelques précautions. Il invita de nouveau à se conformer aux ordonnances de 1568, et le 13 février 1587, le conseil de régence donna lecture de ce *rescrit* aux réfugiés représentés par Paul de Beaujeu, MM. d'Eschenay, de Jorquenay, de Saumaise, de Digoin, de la Bretennière. Mais cela n'empêcha pas François de Châtillon, le fils de l'amiral Coligny, chargé de la conduite de trois mille hommes destinés à renforcer les reîtres du baron de Dohna, de s'arrêter quelque temps dans le pays. Il y reçut un accueil des plus sympathiques ; on avait même envoyé au-devant de lui « le sieur de Beaujeu, qu'il affectionnait beaucoup pour avoir été honoré d'un membre de la compagnie de gendarmerie du feu sieur amiral, son père, et vieil capitaine et affectionné serviteur dudit sieur de Châtillon (1) ».

(1) *Mém. de la* Huguerie, t. III, p. 170. — Société d'Émulation de Montbéliard, t. XIV, p. 434.

Les ligueurs devaient en garder rancune, d'autant plus que François de Châtillon entraîna une partie des réfugiés français, qui envahirent la Lorraine avec lui et la livrèrent au pillage, en ayant soin d'éviter tout engagement sérieux. Arrivé à Griselles (1), il demanda du renfort ; on lui envoya deux régiments de reîtres commandés par les colonels de Verdun et de Dammartin, avec chevau-légers et arquebusiers à cheval sous les ordres de Paul de Beaujeu et François de Choiseul, baron de Lanques. A partir de ce moment, Paul fit partie du conseil de guerre de l'armée avec le duc de Bouillon, La Noue, Montlouet, Guitry, la Huguerie (2). Il assistait, le 21 août, à la délibération qui eut lieu à Blamont (3) pour traiter avec le duc de Lorraine. Il laissa, paraît-il, de mauvais souvenirs de son passage dans la contrée, car lorsqu'à leur tour les Lorrains envahirent le comté de Montbéliard, ils disaient « que s'ils tenaient ce larron de Beaujeu qui avait fait brûler leur pays et violé leurs femmes, ils le traiteraient de telle sorte qu'il en serait bien ébahi (4). »

(1) Griselles, canton de Laignes, arr. de Châtillon, Côte-d'Or.
(2) Société d'Émulation de Montbéliard, t. XIV, p. 53.
(3) Blamont, chef-lieu de canton, arr. de Lunéville, Meurthe-et-Moselle.
(4) *Mém. de la Société d'Émulation de Montbéliard*, t. XV, p. 242 (déposition de Jean Veron d'Essincourt).

Il était du reste véritable homme d'action, toujours en avant. Le 10 août 1587, parti de Ceintrey (1) à la tête d'une compagnie de chevau-
légers, de pareil nombre de reîtres et d'autant
d'arquebusiers à cheval, il faisait une course du
côté de Mirecourt, dans l'intention d'enlever des
chevaux pour renforcer les attelages de l'artillerie. Il rencontra alors le sieur de Villey, chambellan du duc de Lorraine, retournant en Italie.
Il le fit prisonnier et s'empara des lettres, mémoires et instructions dont il était porteur et qu'il
envoya au duc de Bouillon.

Le jeudi 21 septembre, d'après la Huguerie, il
serait entré en pourparlers pour la sauvegarde de
l'abbaye de Clairvaux (2), moyennant une forte
somme à partager entre Guitry et lui. Toujours
est-il que l'abbaye fut épargnée.

A Château-Landon, il fut chargé de faire en-
tendre raison aux reîtres pour les amener à abandonner leur butin. Toujours d'après la Huguerie,
il aurait pris la bourse d'un certain capitaine
« *Lamour* » et l'aurait gardée pour lui. Mais
il faut dire qu'il le laissa évader ; ce qui peut faire
admettre un marché peu honorable, mais régu-
lier, si on considère les mœurs du temps (3).

(1) Ceintrey, canton d'Haroué, arr. de Nancy.

(2) Clairvaux, célèbre abbaye dont saint Bernard fut le premier
abbé en 1115 (à 12 kil. de Bar-sur-Aube, Aube).

(3) *Mém. de la* Huguerie, t. III, p. 142, 180, 197, 254, 359,
361, 370, 383.

Cette armée de 37.000 hommes, dont le mot d'ordre paraissait être le pillage, devait bientôt subir les conséquences du manque de discipline et de ses excès de toutes sortes, d'autant plus que l'abus des fruits amena la dysenterie. Le duc de Guise, Henri le Balafré, n'avait que six mille hommes de pied, quinze cents chevaux venus de Flandre et mille lances françaises. Il ne craignit pas d'attaquer l'ennemi et le battit à Vimory, le 26 octobre et à Auneau (1) près de Chartres, le 11 novembre. Et, le 8 décembre, le duc de Bouillon et le baron de Dohna signaient entre les mains du duc d'Epernon la capitulation générale de l'armée allemande, qui fut reconduite à la frontière par Mâcon et la Franche-Comté.

Les reîtres allemands, payés pour faire la guerre, avaient été considérés comme simples belligérants et n'avaient rien à craindre. Mais il n'en pouvait être de même pour ceux que le fanatisme religieux avait poussés dans la mêlée. Aussi Coligny refusa-t-il de participer à la capitulation. A la tête de quelques partisans et avec Paul de Beaujeu, il quitta l'armée suivi des huguenots français et se dirigea en toute hâte du côté de la Suisse. Le duc de Guise envoya à leur poursuite le marquis de Pont qui en moins de quinze jours

(1) Vimory, arr. et cant. de Montargis, Loiret. Auneau, chef-lieu de canton, arr. de Chartres, Eure-et-Loir.

arrivait à Montbéliard, refuge connu des intrigues protestantes.

A l'approche du danger, le comte convoqua ses vassaux, délégua son autorité au bailli Samuel de Reischach et remit le commandement de la garnison à Paul de Beaujeu dont l'expérience et le courage étaient à la hauteur de cette mission ; puis il se retira en Allemagne.

Paul avait pour lieutenant Jean de Franquemont, marié à Etiennette de Beaujeu, fille de Claude, seigneur de Montot (1). Ses troupes se composaient d'une compagnie de deux cents arquebusiers à cheval, de deux compagnies de lansquenets fortes chacune de trois cents hommes, de quatre compagnies d'infanterie à deux cents hommes chaque. Il avait en outre un détachement de cinquante cavaliers lanciers conduits par son neveu Alexandre, fils de son frère Jean (2).

Paul fit bonne contenance avec sa petite armée ; il put même, le 12 janvier, reprendre la ville d'Héricourt qui s'était rendue aux Guises, le 4. Mais en somme, il dut se borner à couvrir la ville de Montbéliard et les environs immédiats sans pouvoir empêcher le reste du pays d'être saccagé.

L'armée ennemie était commandée par le marquis de Pont-à-Mousson, fils du duc Charles de

(1) Voir IIᵉ partie, branche de Montot
(2) Voir p. 62.

Lorraine. Il était arrivé le 23 décembre, et en établissant son quartier général à Vaudoncourt (1), le 2 janvier 1588, il avait fait publier un ordre portant défense d'incendier les villages. Paul se crut alors en droit de l'informer des excès commis par sa troupe, et le comte de Salm, dans sa réponse, en date du 9 février, et adressée à *M. de Beaujeu, commandant de la ville de Montbéliard* (2), affirme que le duc de Lorraine n'avait pas donné l'ordre de rançonner les habitants.

Les Ephémérides de Montbéliard (3), à la date du 23 décembre, fournissent le détail du butin fait dans la principauté : 2184 chevaux ; 916 bœufs ; 2034 vaches, génisses et veaux ; 1280 moutons ; 1938 porcs ; 80.524 quartes de froment, 94.896 quartes d'avoine ; 29.616 quartes de seigle ; 3974 voitures de foin ; 1180 voitures de paille, enlevés dans 149 villages où furent en outre incendiées 709 maisons, quatre temples, quinze presbytères, dix usines, etc.

Quelques malheureux habitants avaient même été arrachés à leur demeure et emmenés par les envahisseurs dans l'espoir d'en tirer de l'argent.

Trois marchands de la Poirée près Remiremont

(1) Vaudoncourt, canton de Blamont, arr. de Montbéliard, Doubs.

(2) Arch. Nat., fonds Montbéliard, K. 1066.

(3) *Ephémérides du comté de Montbéliard*, par M. Duvernoy, Besançon, 1832, 486-7.

avaient acheté pour 120 écus deux de ces prisonniers, et en avaient expédié un pour rapporter la rançon convenue. Mais celui-ci s'était contenté de rentrer chez lui, laissant son compagnon entre les mains des marchands, qui, ne recevant pas de nouvelles de la somme promise, eurent la malencontreuse idée de venir la réclamer euxmêmes à Montbéliard. Celui qui s'était chargé de cette mission épineuse fut retenu par Paul de Beaujeu et, pour obtenir sa liberté, dut mander à ses compères de laisser aller l'autre prisonnier (1).

Le comte de Montbéliard aurait voulu tirer vengeance de la dévastation de sa principauté, et il était excité dans cette voie par Paul de Beaujeu et les autres réfugiés. On envoya Alexandre de Beaujeu au duc Casimir de Bavière pour lui demander son aide, mais il répondit qu'il désirait garder à l'avenir la plus stricte neutralité (2).

Les troupes des Guises étaient parties dans le courant de janvier. Le 2 février, Louis de Wurtemberg, comte de Montbéliard, accompagné de Paul de Beaujeu, des frères Michel et Jacques de Franquemont, était allé recevoir le serment des habitants d'Héricourt. Sur la place, devant le château, il s'était fait remettre les originaux des

(1) *Mém. de la Société d'Émulation de Montbéliard*, t. XIV, p. 250-251.
(2) Ibid., p. 208-209.

franchises de la ville et les avait foulés aux pieds après les avoir mis en pièces, pour punir les habitants de s'être rendus sans résistance et à la première sommation (1).

Le 11 juin suivant, Paul de Beaujeu était revenu à Héricourt, avec M. de Franquemont, le conseiller d'Ocourt, le bailli et d'autres personnages pour faire une enquête sur l'état d'esprit de la population, et il avait fait au compte de la ville, chez l'hôtelier Vuillaume, une dépense de 31 francs 2 gros (2).

Comme la paix paraissait revenue dans la principauté tandis que la guerre religieuse reprenait plus vive au nord et au midi de la France, Paul de Beaujeu, que le péril attirait, quitta Montbéliard. Il se rendit d'abord auprès du roi de Navarre et se trouvait avec lui à la prise de Mérans (3) ; puis lorsque Henri III, ayant perdu tout espoir de rétablir sa fortune et de vaincre la Ligue avec ses seuls moyens, appela le roi de Navarre, Paul se trouva dans l'armée des deux Henri et reprit son rang dans les conseils de guerre avec ses compagnons d'armes.

(1) Arch. de la Haute-Saône, E. 418. *Ephémérides de Montbéliard*, 2 février.

(2) Ibid., E. 28, n° VIII, fol. 75 r°, compte de Jean Prédine.

(3) Mérans, canton de Jagun, arr. d'Auch, Gers.

Le fait est cité dans les *Aventures du baron de Feneste*, par T. Agrippa d'Aubigné : MDCCXXXI, p. 105 ; il est rappelé par le général Susane, *Artillerie*, p. 112.

11.

On avait envoyé Nicolas du Harlay, plus connu sous le nom de Sancy, en mission en Suisse pour demander des secours en hommes et en argent. Sur la fin de mars, il avait communiqué les ordres du roi à Guitry, à Beauvais et à Christophe de Beaujeu qui étaient à Genève. C'est à eux qu'il annonça le résultat favorable de ses négociations en leur enjoignant de se hâter de lever des troupes. Les Suisses s'étaient engagés à fournir 100.000 écus pour faire la guerre au duc de Savoie. Paul de Beaujeu, de son côté, avait obtenu du comte de Montbéliard qu'il donnât son concours, et on s'occupa de lever 12.000 hommes, qui devaient se réunir près de Genève, le 15 avril. Là, Sancy avait remis son fameux diamant à des marchands italiens contre d'autres sommes d'argent. Il passa le Rhône, le 20 mai, et se contenta d'emmener avec lui Guitry, les deux Beaujeu et Villeneuve, avec lesquels il se dirigea sur Langres, qui était pour le roi. Il alla ensuite mettre le siège devant Châteauvillain qui se rendit.

A la fin de juillet, cette armée était sous les murs de Paris avec Henri III campé à Saint-Cloud et Henri de Navarre à Meudon.

Après l'assassinat de Henri III par le moine Jacques Clément, le 1er août 1589, Paul de Beaujeu trouva naturellement sa place dans les troupes d'Henri IV. La Ligue étant toute puissante en Bourgogne, une armée y fut envoyée sous les ordres du maréchal d'Aumont, avec Tavannes, Dinteville et Paul de Beaujeu, et elle mit le siège devant Montbard, le 8 février 1590 (1).

Paul, en passant, avait obtenu de son *cousin* (2) qu'il rendît la place de la Margelle. Le commandant de Montbard, au contraire, offrit une résistance héroïque. L'artillerie battit les murs sans désemparer, et, le 28, la brèche ayant paru suffisante, Paul de Beaujeu y donna l'assaut, mais il fut blessé grièvement et laissé pour mort (3), ce qui découragea les assiégeants qui levèrent le siège.

Paul fut alors transporté au château de Magny-d'Anigon (4), dont la jouissance lui avait été accordée en avril 1588 par le comte de Montbéliard en récompense de ses services, et il y mourut le mois suivant (5).

Il laissait encore vivante sa femme Madeleine du Mesnil, veuve en premières noces d'Antoine

(1) De Thou, *Hist. univ.*, p. 98, liv. XCVIII. *Mém. de Guill. de* Saulx-Tavannes, coll. Petitot, p. 485, 1 col. *Mém. pour servir à l'histoire de Montbard*, d'après le mss. inédit de Jean Nadaud, par Louis Mallard et Nadaud de Buffon, 1882. Pièces justif., p. 36.

(2) Ce *cousin* était son neveu François, fils de son frère François, d'où la confusion (voir p. 88).

(3) De Thou et G. de Saulx-Tavannes le font mourir sur place.

(4) Magny d'Anigon, canton et arr. de Lure, Haute-Saône, possédait un château-fort important. Il avait été acheté en 1581 par le comte de Montbéliard (Arch. de la Haute-Saône, E. 14).

(5) Tueffert, loc. cit., t. XV.

de Montjou (1), écuyer, seigneur de Champe, et
dont elle avait eu un fils, Jean de Montjou. Elle
était morte en 1597, lors du mariage de son fils
Paul-François (2). Elle avait donné à Paul de
Beaujeu :

1° Jean, mort sans alliance en 1595 ;
2° Paul-François.

PAUL-FRANÇOIS

Paul-François de Beaujeu, chevalier, seigneur
de Villiers-Vineux, Butteaux, Percey, les Croûtes,
la Celle-sur-Loire, etc., fut gentilhomme ordinaire de la maison du roi et de M⁹ʳ frère du roi (3),
gouverneur des villes et châteaux de Saint-Florentin et Ervy, capitaine-lieutenant de la compagnie de Gendarmes du duc de Mayenne, capitaine des gardes du corps de M⁹ʳ le duc de
Mantoue et son envoyé en Hongrie (4).

(1) Montjou, commune de Préporché, cant. de Moulins-Engil-
bert, arr. de Château-Chinon, Nièvre.

(2) Quelques années après une dᴵˡᵉ Madeleine Dumesnil, veuve
de Pierre de Berteu, chambellan et conseiller de Mgr, frère du
roi, était dame de la Celle-sur-Loire (*Inv. de Nevers*, de l'abbé de
Marolles, col. 401). Les du Mesnil portaient d'azur à 3 fasces d'argent. La Chesnaye-Desbois, t. X, p. 93.

(3) Gaston d'Orléans, frère de Louis XIII, marié à la fille de
Louis II de Bourbon, duc de Montpensier, et de Marie, fille de
François de Guise.

(4) Ces titres sont donnés à Paul-François par La Chesnaye-
Desbois et dans les registres paroissiaux de Villiers-Vineux, pour
le mariage de sa fille Catherine.

Le 13 mars 1595, il acceptait, sous bénéfice d'inventaire, la succession de son père et de son frère Jean (1). Il était alors sous la tutelle de sa mère et la curatelle de Florentin Aubriot, *mayeur* de Saint-Florentin, et il est dit âgé de 14 ans. Il n'avait par conséquent que 18 ans, le 30 octobre 1599, au moment de son mariage avec Anne de Saint-Blaise, dont la sœur Catherine venait d'épouser, 15 jours auparavant, le 14 octobre, Jean de Beaujeu, seigneur de Jauge, son cousin germain (2).

Paul-François était orphelin et assisté pour la circonstance par son cousin et beau-frère Jean de Beaujeu, par Jean de Moreau, écuyer, seigneur de Cheu et des Croûtes (3), exempt des gardes de Monsieur, frère du roi.

Les témoins d'Anne de Saint-Blaise étaient son père, Hector de Saint-Blaise, son frère Louis de Saint-Blaise, noble dame Françoise de Lampedan, dame de Saint-Jean et de Marolle, sa cousine, et François du Fay, seigneur de Pressigny, aussi son cousin. Les stipulations du contrat étaient les suivantes :

La future apportait en dot 3000 écus d'or au soleil provenant de la succession de sa mère, Barbe de Monchy, et formant une créance sur

(1) Arch. de la Côte-d'Or, E. 73.
(2) Voir p. 107.
(3) Jean de Moreau était cousin par son mariage avec Marie de Beaujeu, sœur de Jean (v. p. 93).

Edme de Boucher, seigneur de Flogny. Une autre somme de 5000 écus devait lui être comptée après la mort de son père. De ces 8000 écus, mille entraient en communauté, le reste devait être employé à l'achat de biens qui formeraient les propres de la future, à moins que son frère Louis de Saint-Blaise ne conservât le capital pour en payer la rente au denier vingt (5 0/0).

Le douaire d'Anne de Saint-Blaise était fixé à mille livres avec la jouissance d'une des maisons du futur. Mais il devait être réduit, si, ayant des enfants, elle se remariait.

En cas de liquidation de la communauté, le mari reprenait ses armes, vêtements et chevaux, et l'épouse sa garde-robe, avec ses bagues et joyaux (1).

Paul-François possédait les deux tiers de Villiers-Vineux du fait de sa mère Madeleine du Mesnil, fille de Jeanneton du Rollet et de Nicolas du Mesnil, seigneur d'Arentières. Jeanneton avait été mariée d'abord à Gaston du Mas (2), fils de Jacques, et en avait eu plusieurs enfants : Gabrielle du Mas ; Jeanne, épouse de Guillaume de la Mothe et mère de Gilbert de la Mothe ; Marie du Mas, femme de Claude Léger, en son vivant seigneur de Villiers-Vineux et père de Françoise

(1) Arch. de la Côte-d'Or, E. 48.
(2) Lemas, commune de Saint-Maur, canton de Saint-Amand, Cher.

Léger, mariée à Adrien de Fauquemberg, seigneur de Chaumont, contre lequel avaient plaidé jadis Paul de Beaujeu et Madeleine du Mesnil, père et mère de Paul-François. Le procès était déjà pendant au parlement de Paris en 1570, et une sentence du bailli de Troyes était intervenue pour laisser Madeleine du Mesnil jouir de Villiers-Vineux jusqu'au prononcé du jugement, moyennant le versement d'une somme de 900 francs représentant les fruits et revenus.

Mais des arrêts des 15 mars et 13 septembre 1578 avaient adjugé la moitié de la maison seigneuriale de Villiers à Marie du Mas, avec le tiers de la seigneurie ; et des difficultés toujours renaissantes avaient été la conséquence inévitable de cette indivision. Pour mettre fin à cette situation, les parties, réunies à Cosne, le 28 mars 1605, en présence de Thomas Bernier, procureur du bailliage d'Auxerre, arrêtèrent les conventions suivantes :

Gilbert de la Mothe, écuyer, seigneur du Mas et de Villiers-Vineux en partie, demeurant à la Fère-en-Vivarais, en son nom et se portant fort pour ses frères et sœurs, les maris de celles-ci et les enfants dont les parents étaient décédés, vendait et cédait à Paul-François de Beaujeu, qualifié de gentilhomme ordinaire de la maison du roi, demeurant à Butteaux, tous leurs droits à Villiers-Vineux, avec la justice haute, moyenne et basse,

les terres, vignes, prés, bois, garenne et la moitié
de la maison seigneuriale et château dudit Villiers
indivis entre eux et Paul-François de Beaujeu. La
désignation et le détail des choses vendues étaient
donnés ainsi :

« Le village Villiers-Vineux tirant et confi-
nant au finage de Carisey et Jauge, dans toute
l'étendue duquel le seigneur a la justice haute,
moyenne et basse, *en titre de prévoté*, et pour
l'exercice d'icelle il y a prévôt, lieutenant et
autres officiers ; les appellations desquels ressor-
tissent au bailliage de la Chapelle-Vieille-Forêt ;

« *Le greffe de ladite justice amodié*, par commune année, la somme de douze francs ;

« La maison seigneuriale (1) entourée de fossés
et remparts, avec un grand enclos de terres labourables, prés et bois contenant environ 28 arpens
dont huit pour lesquels il y a procès avec les religieux de Saint-Germain d'Auxerre, à cause de
l'échange fait entre lesdits religieux et M. Paul-
François de Beaujeu ; la totalité du *fouage* ou impôt sur les feux dû par chaque habitant, à raison
d'un bichet (2) d'avoine et six deniers payables le
jour de la fête Saint-Etienne (26 décembre) pou-

---

(1) Elle existe encore avec les fossés et une enceinte de terre
qui devait supporter une palissade. La porte seule est en pierre.
Les bâtiments sont transformés en maison de ferme.

(2) Le bichet valait deux boisseaux et pesait 80 livres, le bichot
valait six bichets ou 480 livres.

vant monter à 48 bichets et 24 sols d'argent.

« Les *censes des ruches* (1) portants lots, déffaut
et amendes, quand le cas y échet (2), à raison de
cinq deniers par arpens et peuvent valoir 60 sols
par an ;

« Item le droit de *tierces* sur quelques héritages
et qui peut monter à 12 livres.

« Item le droit de franche mouture (3) et le tiers
de quinze bichots, savoir douze de froment et 3
d'avoine, à prendre sur le moulin dudit Villiers
qui appartient aux religieux de Saint-Germain ;

« Item la rivière avec la pesche, le droit de chasse
et la somme de six cents livres produit de l'amo-
diation de tout ce qui appartient audit seigneur, etc. »

Le prix était fixé à 13.593 livres tournois
en principal, en outre d'une somme de 700 livres
à payer au sieur de Moreau, seigneur de Jauge
et demeurant à Cheu, et de la somme de 1200
livres tournois due à Antoine de Montjou, écuyer,
premier mari de Madeleine du Mesnil, cédés audit
de Moreau par Jean de Montjou, fils et héritier
d'Antoine et frère utérin de Paul-François de
Beaujeu.

----

(1) C'était ordinairement une redevance en cire : elle avait été
transformée en un cens d'argent.

(2) C'est-à-dire au cas de non-paiement.

(3) Le droit de *franche mouture* était le droit de moudre son
grain sans rétribution.

Sur cette somme de 13.593, Paul-François paya comptant trois mille livres tournois *en écus d'or au soleil, en doubles pistoles, demi-pièces de dix sols, huit deniers, pièces de seize sols*, provenant de la vente par lui faite, le même jour, pour 16.000 livres tournois aux sieurs et dames de Chaumont de ses droits sur la Celle-sur-Loire (1). Une somme de 93 livres, prix d'un cheval vendu par Paul-François à Gilbert de la Mothe devait venir en déduction de ce qui était dû. Les 10.500 restant devaient être versés en un seul terme, quatre ans après, le 6 juin 1610, dans la ville de Nevers, *au logis ou pendait, pour enseigne, le Lion d'Or* (2).

La vente de la Celle-sur-Loire, dont partie seulement du prix avait servi à désintéresser les du Mas et Léger, attira à Paul-François les réclamations de son beau-père Hector de Saint-Blaise pour payer sa part des dettes de Barbe de Monchy, sa belle-mère, et, sur son refus, il fut assigné devant les juges compétents, le 18 août 1695.

Mais la mort d'Hector de Saint-Blaise, survenue peu après, arrêta les poursuites et des arrangements furent pris au moment du mariage de Louis de Saint-Blaise, son beau-frère, le 14 mars

______

(1) La Celle-sur-Loire, arr. et canton de Cosne, Nièvre, appartenait en partie aux Fauquenberg (v. p. 150).
(2) Arch. de la Côte-d'Or, E. 73.

1406. Il épousait Colombe Boucher (1), fille d'Edme de Boucher, seigneur de Flogny, baron de la Vieille-Forêt, et de Catherine de Longueil. Des 15.000 livres de la dot de la future, une somme de 3.000 francs fut versée à Paul-François de Beaujeu, sur la dot de sa femme qu'avait conservée en partie Louis de Saint-Blaise. Cette convention était faite « *pour éviter que les futurs époux soient travaillés promptement pour une créance de la succession de feu le sieur de Pouy* ».

Mais Louis de Saint-Blaise mourut l'année suivant et sa veuve se remariait, le 25 juillet 1608, à Patrice le Bascle, seigneur et baron de Moulins (2). Il était dû à Colombe Boucher, par la succession de son mari, les 15.000 francs de sa dot. Pour le règlement de cette dette et de certaines créances auxquelles Louis de Saint-Blaise était tenu envers ses sœurs, Anne de Saint-Blaise, femme de Paul-François et Catherine, femme de Jean de Beaujeu, seigneur de Jauge, on décida de vendre la terre de Fontaine (3), provenant de la succession de Louis de Saint-Blaise. La cession eut lieu le 9 avril 1610, à Nicolas Brulart, seigneur de Sillery, baron de Boursault, chancelier de France,

---

(1) Colombe Boucher était la huitième enfant d'Edme et de Catherine de Longueil (La Chesnaye-Desbois, t. II, p. 43).

(2) Moulins, canton de Noyers, arr. de Tonnerre, Yonne. On trouve les Le Bascle dans les registres paroissiaux.

(3) Fontaine, cant. de Saint-Fargeau, arr. de Joigny, Yonne.

pour le prix de 25.000 livres, dont 15.000 payables à Patrice le Bascle pour les reprises de sa
femme, 1878 livres 15 sols à Jean de Beaujeu
et 1000 à Paul-François. Le paiement eut lieu à
Paris, le 9 avril 1611, un samedi (1).

Colombe Boucher avait eu son douaire fixé à
4000 livres à prendre sur la succession de Louis
de Saint-Blaise, son premier mari. Cela amena
un nouveau traité, le vendredi 3 septembre 1613,
Anne et Catherine de Saint-Blaise, autorisées de
leurs maris, Paul-François et Jean de Beaujeu,
cédaient à Patrice le Bascle la seigneurie de Pouy,
consistant en justice haute, moyenne et basse,
cens, rente, maison seigneuriale, pressoir, garenne, 200 arpents de terre, etc., pour le rachat
du douaire de Colombe Boucher qui donnait sa
signature le lendemain (2).

Les religieux de Saint-Germain d'Auxerre possédaient la moitié du four de Villiers-Vineux depuis 1150, conjointement avec le seigneur. Ils
avaient acquis l'autre moitié en 1189, mais le
vendeur s'était réservé quinze bichots de froment
sur les produits, et le droit de cuire sans rétribution le pain nécessaire à sa maison. Il en avait
été ainsi jusqu'alors ; mais leur maison de Villiers
ayant été abandonnée par eux, ils avaient laissé

(1) Arch. de la Côte-d'Or, E 874.
(2) Arch. de la Côte-d'Or, E. 1103².

le four tomber en ruines. Paul-François s'était plaint et avait réclamé des dommages-intérêts. Les religieux, par une transaction du 15 octobre 1623, lui abandonnèrent le four avec ses droits et la moitié de la terre des Croûtes, au bailliage d'Ervy, ne se réservant que le droit de fouage (1).

Le 22 juillet 1625, Paul-François de Beaujeu, qualifié chevalier, seigneur de Villiers, Percey, Butteaux, la Chaussée, les Croûtes, gouverneur des villes et bailliage de Saint-Florentin, capitaine-lieutenant de la compagnie de Gendarmes de M. le duc de Mayenne, relaissait à bail à Didier Blondel et à Anne Joron, sa femme, un moulin appelé le moulin du battoir, sis au finage de Villiers, avec pré, verger, bief, etc., pour en jouir pendant six ans, à la date dudit jour. La redevance était fixée à 50 bichets, moitié froment, moitié méteil (2), dix bichets d'orge et huit bichets d'avoine, mesure de Villiers. Ces 68 bichets étaient payables par *semaine*, dans les greniers du château. Le preneur s'engageait en outre à donner *douze chapons*, six à la Toussaint et six

-----

(1) *Mém. de la Société des sciences historiques de l'Yonne*, t. X (1856), p. 516.

(2) Cette redevance en méteil, c'est-à-dire moitié froment, moitié seigle, est peu commune dans les contrats, de même que le paiement par semaine. En revanche, la réserve de chapon était la règle. Elle existait encore dans nos pays, il y a à peine 50 ans.

à Noël et un *gâteau au jour des Rois*, ou 60 s. tournois. Il avait de plus à verser : 60 s. pour le pré attenant au bief du moulin, le cens dû au seigneur de Flogny et 200 *plançons* de saule (1) au mois de janvier.

L'usure des meules devait donner lieu à une indemnité de 50 sous par pouce d'épaisseur, et si le preneur faisait poser des meules neuves, le bailleur était tenu de lui payer 50 sous par chaque pouce existant à la fin du bail (2).

Comme on vient de le voir par les titres et qualités attribués à Paul-François de Beaujeu, il était devenu, lui aussi, un personnage important. Il devait sans doute ce résultat à son mérite personnel, mais les services rendus par son père au roi Henri IV dans les derniers moments de sa vie avaient dû lui attirer la bienveillance et les faveurs de ce prince et, après lui, des ministres de Louis XIII.

Après le siège et la reddition de la Rochelle, le 28 octobre 1628, Richelieu tourna ses regards vers l'Espagne, qui entretenait des relations avec les réformés. La Franche-Comté était surveillée étroitement en attendant le moment de l'envahir. Paul-François avait été envoyé avec sa compa-

---

(1) Les plançons sont des branches choisies qui servent à faire des boutures. C'est la seule fois que j'aie trouvé cette stipulation.

(2) Arch. de la Côte-d'Or, E. 73. Ces détails de la vie d'autrefois sont très intéressants.

gnie dans les environs de Langres, pour occuper Baissey, à la source de la Vingeanne ; et, le 28 décembre 1628, il communiquait aux maire et échevins de la ville de Langres un ordre du roi les invitant à fournir à sa troupe les vivres nécessaires.

L'ordre porté par un officier était accompagné de la lettre suivante de la main de Paul-François (1) :

« A messyeurs messyeurs les maire, echevins et abitans de la ville de Langres. Messyeurs, je vous envoye par se gentilhomme la laytre que le roy vous escryt pour délyvrer à la compagnie de chevaux legers de monsaygneur le duc de Mayenne les *étapes* tandys qu'elle sera en garnison a Bayzé ou sa majesté ma commandé de la mener, sayt pour quoy je vous suplye de vous dysposer de satysfayre au commandemens que sadyte majesté vous en fayt afin dévyter les logemens que je seroys contraint de fayre en vostre voysinage ne trouvant pas audit Bayzé lordre quy vous ayst enjoint dy aporter, se que je ne souhayte pas, ayant par inclynation et par le souvenyr de mes devensyers un désyr partyculyer

(1) Arch. de la ville de Langres, 692. Outre la signature il y a deux sceaux plaqués intacts, portant mi-parti : à gauche les dix burelles de la maison de Beaujeu, et à droite un lion debout et au-dessous une couronne à 5 pointes. Ce lion était le lion des Beaujeu-Forez (v. p. 144, note 2).

de servyr vostre communauté. Sayt pourquoy je vous supplye de croyre que tout ce qui despendra de mon pouvoyr vous en dysposerez, puisque je suys messyeurs vostre humble servyteur.

« Le 28 décembre 1628.

« BEAUIEU. »

De la présence de Paul-François à cette époque sur la frontière, on peut conclure qu'il prit une part active à la guerre qui désola la Franche-Comté, berceau de sa famille. Dans tous les cas, au moment de l'invasion, il était absent pour son service, car le 8 octobre 1636, il était obligé d'envoyer une procuration pour le mariage de sa fille Catherine avec Jean Duban, seigneur de la Feuillée.

Le 28 avril 1638 (1) Paul-François, veuf depuis 1624, et auquel il restait cinq des huit enfants qu'il avait eus d'Anne de Saint-Blaise, se remariait avec Catherine le Bascle, fille de Patrice le Bascle, seigneur de Moulins et de son ancienne belle-sœur, Colombe Boucher, veuve de Louis de Saint-Blaise.

Par suite de la donation faite par ses parents à leurs enfants, le 28 janvier 1631, Catherine

(1) D'après les papiers relatifs à la succession de Paul-François, le contrat de mariage est du 28 avril 1638, mais les registres paroissiaux de Vézinnes, village voisin de Villiers-Vineux, feraient remonter le mariage à 1635. Le 3 mai, Catherine est marraine du fils de G. Pirouelle, lieutenant de la justice de Villiers, et elle se dit femme de Paul-François de Beaujeu.

le Bascle apportait en dot une somme de 20.000 livres (1).

Elle avait 20 ans, car elle était âgée de 13 ans, le 20 juillet 1631, à la réunion du conseil de famille, après la mort de son père tué au siège de Noyers. Paul-François en comptait cinquante-cinq, mais il commandait la compagnie de chevau-légers du duc de Mayenne, il était gentilhomme ordinaire de la chambre du duc d'Orléans, capitaine des gardes du corps du duc de Mantoue (2) et son envoyé en Hongrie.

Ce mariage nécessitait certains arrangements de famille; aussi très peu de temps après, par un acte signé mais sans date (3), Paul-François donnait à ses enfants, Jacques-Paul, Claude-Paul, Catherine, épouse de Jean Duban, Edmée et Anne, l'autorisation de percevoir les produits des terres de Percey et Butteaux, « avec dispense d'en rendre compte, et sans que cela puisse empêcher leurs prétentions à un règlement de compte entre les parties ».

(1) Arch. de la Côte-d'Or, E. 1083 (le Bascle). Comme témoin se trouvait Claude de *Belleval,* écuyer.

(2) Charles II de Gonzague, duc de Nevers et de Mantoue, dont le père Charles 1 avait été reconnu duc de Mantoue avec l'appui de la France. Paul-François était son vassal pour la Celle-sur-Loire, et avait dû faire partie de l'expédition de 1628 à 1631.

(3) Arch. de la Côte-d'Or, E. 73. Cet acte est certainement de 1638 et a été fait à la suite du mariage de Paul-François. Sa fille Catherine est mariée elle-même et Jacques-Paul, son fils aîné, qui mourut en 1638, est encore vivant.

Le 1er février 1645, un nouveau traité intervenait entre Paul-François et Claude-Paul de Beaujeu et Jean Duban. Paul-François reconnaissait leur devoir la somme de neuf mille francs sur la dot de leur mère, et, par un acte passé le 6 février suivant, il leur abandonnait une rente annuelle de 450 fr. à percevoir sur son fermier de Percey (1). Mais le même jour, sans doute après avis des gens de lois, Claude-Paul et Jean Duban protestaient contre le traité « *accepté par eux par respect pour la volonté de leur père, mais qui devait leur causer un énorme préjudice* (2). La procédure allait son train au décès de Paul-François qui, blessé grièvement (3) à Lens, le 19 mai, était venu mourir à Villiers-Vineux, au mois d'août 1648 (4). Comme il laissait un enfant mineur, un curateur fut nommé qui fit dresser inventaire par M. Galimard, juge à Villiers.

Ensuite de quoi l'affaire fut portée devant les

(1) Arch. de la Côte-d'Or, E, 73.

(2) Arch. de la Côte-d'Or, E, 73.

(3) Il fut même laissé pour mort. Le duc d'AUMALE, dans son *Histoire des princes de Condé*, t. V, p. 261, dit que le corps de la gendarmerie fut cruellement éprouvé, et que presque tous les officiers, guidons, cornettes, maréchaux des logis avaient été blessés: « *deux chefs de compagnies, Beaujeu et d'Oyse comptaient parmi « les morts.* » Pour n'être pas resté sur le coup, il n'en valait guère mieux, puisqu'il ne survécut que trois mois à peine. Mais il mourut à Villiers-Vineux.

(4) Arch. de la Côte-d'Or, E, 734.

tribunaux. Le mobilier, vendu le 4 février 1651, servit au paiement de quelques dettes. Quant aux immeubles, ils furent adjugés aux enfants du premier lit pour 45.000 livres, prix de l'estimation (1).

La veuve réclamait le montant de sa dot et de ses reprises, et le procès n'était pas terminé en 1634, à la mort de Claude-Paul qui, lui-même, laissait un fils mineur, quoique déjà capitaine (2). Paul-François de Beaujeu avait eu de sa première femme, Anne de Saint-Blaise, décédée en 1624 :

1° Catherine, mariée en 1634 à son cousin-issu de germain, Jean Duban (3), seigneur de la Feuillée et de Vannaire, et veuf d'Edmée de la Rochette. Au moment de la célébration du mariage, les futurs époux, leur famille, leurs amis de même que le prêtre qui les avait unis, personne en un mot ne s'était préoccupé de cette parenté au 3ᵉ degré, qui constituait alors un empêchement absolu au mariage, à moins de dispenses spéciales; de sorte que, selon la loi de l'Eglise, Catherine et Jean Duban vivaient en état d'inceste. Il fallut, deux ans après, s'adresser en cour de Rome pour réclamer des lettres apostoliques qui furent don-

(1) Arch. de la Côte-d'Or, E, 734.

(2) La majorité pour l'administration de ses propres biens n'arrivait qu'à 25 ans.

(3) Jean Duban était fils de Denise de Beaujeu, fille de François de Beaujeu, seigneur de Jauges. V. p. 94.

nées par le pape Urbain VIII, sous forme de bulle pontificale, le 8 des Ides du mois d'août 1637 et furent promulguées le 1er mai 1638, par Jean Baillet, doyen de la Sainte-Chapelle de Dijon et official de l'évêché de Langres (1). Jean Duban mourut en 1648 (2), et Catherine de Beaujeu peu après. Ils laissaient une fille, Rose Duban, née en 1637, et qui, le 19 juillet 1656, au château de la Tuilerie, épousait André Duret, chevalier, seigneur de Saint-Christ, fils d'André Duret, conseiller au parlement de Rouen et de dame Anne le Butaux, demeurant à Paris, rue Montmorency. Le futur avait à peine 23 ans ; Rose en avait 19, et, comme elle était orpheline de père et de mère, elle avait été émancipée par la justice ; mais elle était assistée de M. François de Brunel, seigneur de Rhodet, de dame Anne Parfait, veuve de Ni-

(1) Arch. de la Côte-d'Or, E² 47. La bulle se trouve dans la liasse. Un bref de dispense fut encore envoyé de Rome le 5 janvier 1720, pour être fulminé le 5 avril, pour le mariage de Charles le Bascle d'Argenteuil, lieutenant-colonel du régiment de Turenne, avec Edmée-Françoise Duret de Villiers, petite fille de Rose Duban. Charles le Bascle était fils de Marie-Anne Pitoizet d'Obtrée, laquelle avait pour mère Blaisine Duban, sœur par père de Rose Duban. (Voir p. 95). Les deux époux avaient été mariés, sans dispense, le 12 décembre 1719, quoique parents au troisième degré, c'est-à-dire cousins-issus de germains. (Arch. de la Côte-d'Or, E², 1083).

(2) Par suite de la minorité de Rose Duban, un inventaire fut fait le 22 juillet au château de Vannaire, à la requête de Joachim Jouard, procureur du roi au bailliage de Châtillon. Il est intéressant à consulter et donne le détail du mobilier d'un gentilhomme campagnard, à cette époque (Arch de la Côte-d'Or, E²47).

colas de Baugy, en son vivant seigneur du Fay et ambassadeur en Hollande, de dame Geneviève de Baugy, femme d'Edme de Beaujeu (1).

Deux ans après, le 6 août 1658, Rose étant devenue majeure revenait avec André Duret devant le curé de Villiers-Vineux pour ratifier leur union, « déclarant l'un et l'autre estre satisfaits de leur mariage et le feraient très volontiers s'il était encore à faire, etc. (2) ». Le 23 octobre suivant, Rose partageait avec Eléonore de Tusseau la succession de Paul-François de Beaujeu, son grand-père. Elle recevait la moitié de Villiers-Vineux et louait de Catherine le Bascle le château de Sainte-Anne, qu'elle garnissait du mobilier acheté la veille d'Achille du Fresnoy (3), pour 900 livres.

Rose Duban mourut le 23 août 1662 et fut inhumée le lendemain dans l'église de Villiers (4), où il ne reste pas de traces de sa tombe. André Duret se remaria d'abord à Françoise Pol de Rhodes

(1) Arch. de la Côte-d'Or, E, 734.

(2) Ibid., et registres paroissiaux de Villiers-Vineux.

(3) Achille du Fresnoy était marié à Eléonore de Tusseau, veuve de Claude-Paul de Beaujeu, l'oncle de Rose Duban. Le mobilier qu'il vendait provenait du château d'en bas, attribué à Claude-Paul dans les partages, et se composait de : huit pièces de tapisserie de Rouen *doubles* et *toutes neuves*, trois lits garnis de matelas, lits de plumes et couvertures, avec les bois de lits et les tentures (rideaux) de serge, deux chaises de tapisseries, un coffre, la batterie de cuisine où se trouvait une poêle en cuivre rouge à *faire confitures*.

(4) Registres paroissiaux du village.

dont il eut 5 enfants, puis, le 20 janvier 1689, à Marie-Marguerite de Ferroul, veuve de Pierre du Feu, demeurant à Compiègne. Il mourut dans son domaine de la Colloterie, près de Sens, le 10 janvier 1695, après avoir fait son testament le 28 décembre précédent (1).

2° Le deuxième enfant de Paul-François de Beaujeu et d'Anne de Saint-Blaise fut encore une

(1) Arch. de la Côte-d'Or, E², 734. André Duret était entré dans le régiment de cavalerie de la Feuillée, de son beau-frère Pierre-François Duban. Il était major en 1659. En suite d'enquête résultant des ordonnances royales, il fut maintenu dans ses titres de noblesse par décision des 9 août 1672 et 14 décembre 1677. Il avait eu de Rose Duban : 1° Edme baptisé à Villiers le 27 novembre 1657, ayant pour parrain Edme de Beaujeu et pour marraine Catherine le Bascle. Edme, entré le 22 janvier 1675, dans le régiment de son oncle Pierre Duban, arriva au grade de mestre de camp (colonel), le 24 mars 1705. Il avait perdu la vue dans l'expédition d'Espagne et de Portugal, et se retira du service en 1712. Il avait épousé, le 17 août 1693, Louise-Catherine Berteaux, veuve de François Chevalier, seigneur de Pressures, demeurant à Courcelles-les-Rangs, près de Châtillon-sur-Seine. Il mourut le 12 novembre 1721, laissant deux filles, dont l'aînée, Louise-Armande, mariée le 12 octobre 1719 à son cousin issu de germain, Edme-Charles le Bascle, lieutenant colonel au régiment de Turenne cavalerie (voir page 180, note 1) ;

2° Marc-Antoine Duret, baptisé le 12 août 1658, lieutenant en 1694, à Douai, au régiment d'Obtrée, dans la compagnie de son frère ; capitaine le 22 février 1719, au régiment de Chartres. Il mourut le 9 avril 1725, à Courcelles-les-Rangs ;

3° Marie-Madeleine Duret, baptisée le 8 septembre 1660, mariée le 23 novembre 1688 à Jacques de Biencourt, de la famille Sallazard, dont deux filles ; Marie-Madeleine, femme de Pierre de Boccace, et Marie, épouse du sieur de la Mothe.

fille, Jacqueline, baptisée à Villiers-Vineux, le 31 mars 1602, morte sans postérité;

3° Charles, baptisé le 26 janvier 1606, décédé aussi en bas-âge;

4° Edmée, baptisée le 27 janvier 1608, religieuse, nommée dans le traité de 1638;

5° Jacques-Paul, baptisé le 4 juillet 1611, paraissant dans le traité de 1638 entre Paul-François et ses enfants, tué le 7 septembre de la même année, au siège de Fontarabie (1), étant lieutenant des chevau-légers du duc d'Enghien.

6° Jeanne, baptisée le 25 juin 1612, religieuse, encore vivante à la mort de son père, en 1648;

7° Marie, baptisée le 11 octobre 1616, morte après 1638;

8° Claude-Paul, baptisé le 10 mai 1618, qui se trouva le représentant de la famille après le décès de son frère.

En mourant, Paul-François de Beaujeu laissait de son second mariage une fille mineure, Eléonore Anne-Marie, sous la tutelle de sa mère Catherine le Bascle d'Argenteuil. Par son testament olographe de 1640, il avait donné à sa femme la jouissance du château *d'en bas;* mais cette propriété étant le véritable château seigneurial (2), fut attribuée

(1) *Histoire des princes de Condé*, par le duc d'Aumale, t. III, p. 397.

(2) Cette maison seigneuriale, située au bas du village, sert aujourd'hui de maison de ferme. Les fossés et les levées de terre qui supportaient les remparts et les palissades existent encore.

à Claude-Paul dans les partages, et Catherine le Bascle habita la maison de Sainte-Anne (1) qui avait été bâtie des deniers de sa dot. Après le mariage de sa fille, le 7 décembre 1655, elle se retira aux Ursulines de Tonnerre, relaissant par bail, du 26 avril 1659, Sainte-Anne à André Duret et à Rose Duban. Par un nouveau traité du 3 octobre 1663, elle céda définitivement Sainte-Anne aux époux Duret, moyennant 120 livres de rente annuelle, rachetable par 1200 livres et sous la réserve d'une chambre avec un cabinet pour y loger lorsqu'elle voudrait venir à Villiers. Elle réservait aussi sa nourriture pendant son séjour, mais en déduction de la rente (2).

Après la mort, en 1674, d'Edme de Beaujeu, petit-fils de son mari, elle dut intervenir, à propos de ses reprises, dans le procès relatif à la succession et qui ne se termina qu'en 1694. Elle ratifia donc les conventions faites par sa fille avec ses cohéritiers. Elle mourut la même année, le 26 septembre 1694, et fut inhumée dans l'église d'Epineul, où sa tombe existait encore en 1852 (3).

---

(1) Sainte-Anne est au-dessus du village, et sert aussi de maison de culture. Les fossés, creusés dans un terrain argileux, sont transformés en mares où le bétail vient s'abreuver.

(2) Arch. de la Côte-d'Or, E, 734.

(3) *Annuaire de l'Yonne*, 1852, p. 358. Epineul, à 3 kil. de Tonnerre, avait été vendu par René du Bellay à Edme Boucher, comte de Flogny, le 17 mai 1603, et avait été donné en dot à

Eléonore de Beaujeu, née probablement en 1639, fut présentée, le 31 décembre 1648, à l'église de Villiers-Vineux où les prénoms d'Eléonore-Anne-Marie lui étaient donnés par Pierre de Boucher, seigneur de Flogny et Eléonore de Tusseau, femme de Claude-Paul de Beaujeu, son frère consanguin. Elle était certainement déjà âgée à ce moment, puisqu'elle fut mariée à Villiers-Vineux, le 17 janvier 1656, c'est-à-dire sept ans après. Elle avait pour témoins, avec sa mère, Jean de Beaujeu, seigneur de Jauge, son curateur et Marc-Antoine de Beaujeu, seigneur aussi de Jauge et de la Tuilerie, son cousin. Elle épousait Georges Largentier, marquis de Belval, baron de Vaulcemain, Vauchassy, seigneur de Coligny, Morne-Trois-Fontaines et autres lieux (1). Le contrat, signé dès le 7 décembre 1655, établissait que les futurs se mariaient dans leurs droits. La dame le Bascle,

Colombe Boucher, épouse en deuxièmes noces de Patrice le Bascle. Il arriva à sa fille, Catherine le Bascle, deuxième femme de Paul-François de Beaujeu, qui le laissa à sa fille Eléonore.

(1) Les Largentier étaient de la noblesse de robe. Nicolas Largentier, greffier en chef de la prévôté de Troyes et du bailliage de Vermandois, au siège de Reims, était seigneur de Vaussemain (canton de Bouilly, arr. de Troyes). Il avait acquis Belval (arr. de Reims, Marne), le 1er avril 1602, de Suzanne de Dormans. Nicolas Largentier eut un fils, Louis, vice-amiral de Guyenne, etc., bailli de Troyes, marié à Marguerite d'Alongny, qui lui donna trois fils : Henri, baron de Chapelaine, bailli de Troyes; Charles, baron d'Eguillon, et Georges Largentier, baron de Belval. (Arch. de l'Aube, E, 465.)

mère de la future, lui donnait en avancement d'hoirie : 1° la moitié de la terre de Tenance, au bailliage de Chaumont ou la somme de dix mille livres, au choix ; 2° toutes ses reprises sur la succession de son mari, même son douaire ; 3° une obligation de 2500 livres consentie par Claude-Paul de Beaujeu ; 4° le château de Sainte-Anne, etc.

Une somme de 15.000 livres devait être mise en commun par chacun des deux époux, et, à la dissolution de la communauté, ils devaient reprendre leurs vêtements, joyaux, armes et chevaux, *en nature*, ou trois mille livres.

Le douaire *préfix* était de 3000 livres, et de 2000 seulement en cas d'enfant, avec la jouissance de la maison du marquis de Belval à Troyes, mais pendant le veuvage seulement (1).

Ce mariage ne fut pas heureux et une séparation fut prononcée par les tribunaux.

En 1674, après la mort d'Edme de Beaujeu, son neveu, fils de Claude-Paul, Eléonore arrivait au partage de la succession et recevait une partie de Villiers-Vineux, pour laquelle elle faisait hommage au comte de Tonnerre, le 17 février 1681 (2).

Le 28 février 1575, elle rachetait une dette de

(1) Arch. de la Côte-d'Or, E. 1078.

(2) Le 18 mai 1699, elle était marraine de Charles-Jacques de Clermont, fils de Charles-Henri, comte de Tonnerre (arch. de l'Yonne, G.G., p. 353).

Paul-François de Beaujeu, son père, envers Gaspard Pirouelle, notaire, et, le 2 mars, Otton de Kœnigsmarck, seigneur de Rottembourg, chambellan du roi de Suède, qui lui avait déjà souscrit une première obligation de 36.000 livres, le 16 avril 1672, lui signait un nouveau titre de 40.000 livres, avec hypothèque sur tous ses biens, situés au pays de Brême, en Allemagne. Cette obligation fut encore renouvelée le 1er février 1689, après la mort du comte de Kœnigsmarck, arrivée en 1688 (1). Elle était veuve en 1685, lors du partage avec André Duret d'une vigne à Molôme provenant de la succession de son père.

Le 24 janvier 1694, tant en son nom personnel, comme héritière d'Edme-François de Beaujeu, son neveu, que comme donataire, par son contrat de mariage, de Catherine le Bascle, sa mère, créancière de Paul-François de Beaujeu, son père, elle terminait, par une transaction, le procès qu'elle avait avec Eléonore de Tusseau, mère d'Edme-

---

(1) Le comte Otto de Kœnigsmarck entra au service de la France en 1671, et avait obtenu le 10 août de lever un régiment de cavalerie. C'est sans doute pour cette opération qu'il empruntait à ce moment ces 36.000 livres. Brigadier le 15 avril 1672, il assista à tous les sièges où le roi se trouvait en personne. Il passa en Allemagne en 1673 avec Turenne et contribua à enlever plusieurs places à l'électeur de Brandebourg. Maréchal de camp du 13 février 1674, il fut fait lieutenant général, le 25 juin 1676. Son régiment prit le titre de Royal-Allemand, le 15 novembre 1688. (*Chron. de* Pinard, t. IV, p. 273).

François de Beaujeu et remariée à Achille du Fresnoy. Le 17 mai suivant, moyennant une rente viagère de 210 livres payable à Noël, elle renonçait en faveur des enfants de Rose Duban, sa nièce, à tous ses droits sur la maison de Sainte-Anne.

Le 8 juin 1700, elle entamait un procès avec les habitants de Merrey-le-Serveux (1), qui lui devaient une somme de 4000 livres, par une obligation souscrite à sa mère, le 11 mars 1671, et dont les intérêts n'avaient pas été payés *depuis vingt-trois ans.*

Elle avait un appartement à Paris, rue de Grenelle, au coin de la rue des Rosiers, mais elle habitait le plus ordinairement Epineul, dont la jouissance avait été cédée à sa mère et à elle par Louis le Bascle, son oncle, frère de sa mère, et Françoise de Pontville, sa femme, à la suite d'un arrangement qu'elle rappelle dans son testament. C'est à Epineul qu'elle écrivit ses dernières volontés, le 8 octobre 1704. Elle y insérait quantité de détails relatifs à ses affaires ; ce qui confirme l'esprit d'ordre dont elle avait donné des

_____

(1) Merrey-le-Serveux, arr. de Bar-sur-Seine (Aube). Cette obligation devait être partagée entre ses cousins François le Bascle d'Argenteuil de Pouy et Pierre-François le Bascle de Moulins, selon les indications du testament de Mme de Belval ; mais un arrêt du conseil d'État, de 1719, vint annuler cette créance. (Arch. de la Côte-d'Or, E, 1094.)

preuves pendant sa vie. Elle recommandait en particulier de payer à Eugène-Frédéric de Beaujeu, son cousin, les deux cents francs qu'elle lui devait.

Elle mourut le 23 novembre 1704 et reçut sa sépulture, dans l'église d'Epineul, à côté de sa mère morte le 26 septembre 1694.

CLAUDE-PAUL

Claude-Paul de Beaujeu de Villiers, chevalier puis baron, comte et enfin marquis de Beaujeu, seigneur de Villiers-Vineux, Percey, la Chaussée, etc. et, par sa femme, de Soumentrain, Beugnon, etc. était le dernier enfant de Paul-François de Beaujeu et d'Anne de Saint-Blaise, sa première femme. Il fut baptisé à Villiers-Vineux, le 10 mai 1618 et eut pour parrain le futur maréchal de France, Charles de Monchy, fils de haut et puissant seigneur Georges de Monchy, premier maître d'hôtel de la reine Anne d'Autriche, etc. ; sa marraine était Claude de Monchy, mère du parrain (1).

(1) Il fut fait maréchal le 5 janvier 1651.

En acceptant d'être parrain avec sa mère, il affirmait sa parenté avec Claude-Paul, petit-fils de Barbe de Monchy. La présence, le 3 décembre 1665, de Georges de Monchy, marquis d'Hocquincourt, fils du maréchal, dans le conseil de famille des enfants de Rose Duban, arrière-petite-fille de Barbe, est encore une preuve certaine de la parenté. Il vient même sur la liste immédiatement après la

Après le second mariage de son père, en 1638, Claude-Paul eut avec lui des discussions d'intérêt, relativement à la succession de sa mère, et conjointement avec son frère Jacques-Paul et ses sœurs (1).

A 22 ans, le 27 janvier 1642, Claude-Paul obtenait le brevet de premier capitaine dans le régiment de cavalerie de Grancey. C'est sans doute pour payer les frais de son équipement, que le 27 avril suivant il souscrivait une obligation de 800 livres au profit de Jean Duban, son cousin, devenu son beau-frère, par son mariage avec Catherine de Beaujeu (2).

Il servit alors sous du Hallier, à la prise du château de Viviers, au siège de Dieuze, à celui de la Mothe, levé le 30 août (3).

Après cette première campagne, il revenait faire son testament à Villiers-Vineux, le 10 septembre (4), puis il repartait immédiatement pour

veuve de Claude-Paul, oncle maternel de Rose Duban, et avant Marc-Antoine de Beaujeu, seigneur de Jauge, petit-fils de Barbe de Monchy. (Arch. de la Côte-d'Or, E², 734). Voir page 107, note 3.

(1) Voir page 178.

(2) Cette obligation se trouve mentionnée dans l'inventaire fait au décès de Jean Duban, en 1648. Voir page 180, note 2.

(3) Un nouveau siège eut lieu en 1644. Voir page 76.

(4) Il demande qu'on l'enterre dans l'église de Villiers, si faire se peut, à côté de son frère Jacques-Paul. Il lègue 6000 francs à sa belle-mère Catherine le Bascle, pour la bonne assistance pleine de service qu'il a reçue et qu'il peut encore recevoir d'icelle dame ». (Arch. de la Côte-d'Or, E, 734.)

la Franche-Comté. C'est ainsi qu'il se trouvait, le 18 septembre, au combat devant Ray, où Hardouin-Gaspard de Beaujeu et son fils Jean-Claude, de la branche de Montot, furent faits prisonniers (1). Claude-Paul, cousin du maréchal de Grancey (2), qui commandait dans cette affaire, ne dut pas être étranger à l'élargissement de ses parents.

Il était sous le duc d'Enghien à la bataille de Rocroy, le 19 mai 1643, à la prise d'Emery, de Barlemont, de Maubeuge, de Thionville, le 18 août, de Sierck, au siège de Gravelines, en 1644. Sur la démission du comte de Grancey en sa faveur, il obtint, par commission du 22 février 1645, le régiment dans lequel il était capitaine et qui prit ainsi son nom, et il servit aux sièges de Bourbourg et de Ménin, à ceux de Courtray, de Bergues, de Mardick, en 1646, à la fin de juillet. Pendant les opérations devant cette dernière ville, il servit de second au comte de Rieux, de la maison de Lorraine, dans son duel avec Vassé, maréchal de camp du régiment de Piémont, et eut le poumon perforé par le Bret, son adversaire, enseigne de la compagnie colonelle

(1) Voir IIe partie, branche de Montot.

(2) Le maréchal de Grancey était marié à Catherine de Monchy, fille de Georges et de Claude de Monchy et sœur du maréchal Charles de Monchy, marquis d'Hocquincourt. La mère de Claude-Paul, Anne de Saint-Blaise était fille de Barbe de Monchy (voir page 107 et la note 1, page 189).

de ce régiment (1). Bussy, à cette occasion, en fait un portrait peu flatteur, qui contraste avec celui fait plus tard par Turenne (2).

Il ne paraît pas qu'il fut arrêté longtemps par sa blessure, car il était au siège de Furnes et de Dunkerque qui eurent lieu la même année, 1646.

Il servait sous le maréchal de Gassion en 1647, et combattait le 6 juillet, contre la cavalerie du duc de Lorraine, dont huit cents chevaux furent défaits. Le 6 juin précédent, Eléonore de Tusseau, sa femme, marraine à Neuvy-Sautour (3), se disait femme de M. Claude-Paul de Beaujeu, « mestre de camp de cavalerie pour le service du roi ».

Maréchal des logis de la cavalerie légère, l'année suivante, il n'en conserve pas moins son régiment qui est commandé par M. de Pibrac (4).

Placé sous le prince de Condé en 1648, il était au siège d'Ypres et commandait la cavalerie de l'aile droite, le 19 mai, à la bataille de Lens, où

(1) *Mémoires de* Bussy-Rabutin, t. I, p. 141. A cette époque, les seconds ne se contentaient pas de diriger le combat ; ils croisaient le fer ensemble, et sérieusement, comme on le voit.

(2) De l'avis de tous, Bussy était jaloux, prétentieux et difficile à vivre. (Général Susane, t. I, p. 109 et 110.)

(3) Neuvy-Sautour, canton de Saint-Florentin, arr. de Tonnerre, Yonne, appartenait en partie à Eléonore de Tusseau.

(4) Arch. de la Côte-d'Or, E, 2703, f. 1, vº, 19 janvier 1648. Le baron de Pibrac devait une obligation de 805 livres à Jean Duban, marié à Catherine de Beaujeu. Elle est mentionnée dans l'inventaire dressé après la mort de Jean Duban (v. page 180, note 2)

son père et son beau-frère Jean Duban trouvèrent la mort. Cela ne l'empêcha pas d'être à la reprise de Furnes, le 29 mai.

Sa belle conduite à Lens lui avait valu le grade de général, car, marraine à Jauge, le 1ᵉʳ juillet suivant, Eléonore de Tusseau se déclare femme de Claude-Paul de Beaujeu, « *général comman- dant la cavalerie légère en Flandre* ».

Maréchal de camp par brevet du 16 janvier 1649, il fut employé en cette qualité dans l'ar- mée de Flandre et servit dans le corps détaché du comte de Palluau. Il le remplaçait dans le commandement de la ville d'Ypres, quand elle fut investie, le 11 avril. Le 27, il fit une grande sortie « et renversa toute l'attaque de dom Gas- pard Boniface, qui vint alors au secours de ses troupes et força les Français à rentrer dans la ville. Le lendemain, les batteries des assiégeants commencèrent à ruiner les murs de la place. Le 3 mai, la garnison tenta une nouvelle sortie, mais elle fut repoussée et le lendemain les assié- geants emportèrent la contrescarpe. Le 6, ils allèrent à la sape et, le 7, attachèrent la mine au pied du rempart ; ce qui obligea Beaujeu à parlementer le 8, et de remettre le 10 la ville entre les mains de l'archiduc » (1).

Cet échec plutôt glorieux ne devait pas ternir

______

(1) *Mémoires de* MONTGLAT (Collection Petitot, t. I, p. 175).

la réputation de Claude-Paul de Beaujeu, et il devait reprendre bientôt le cours de ses campagnes. En 1650, il était avec le maréchal de Plessis et concourait à secourir Guise, à la prise de Rethel et au combat près de cette place, où Turenne, alors avec le parti de la Fronde, fut battu, le 15 décembre 1651.

Dans le cours de cette même année il avait été employé en Flandre sous le maréchal d'Aumont. le 27 mai, et avait contribué à la reprise de cinq redoutes qui furent rasées. Secondé par M. de Baugy (1), il avait enveloppé cinq escadrons espagnols qui furent taillés en pièces. Il avait marché au secours de Dunkerque et de Vervins. Son régiment fut licencié à la fin de la campagne, mais il en leva un autre, par commission du 2 janvier 1652, et s'en démit au mois d'avril. Le régiment continua cependant à porter son nom et fit la campagne de Catalogne sous Pierre Duban de la Feuillée, « capitaine et major commandant le régiment de cavalerie de M. le marquis de Beaujeu » (2).

Claude-Paul était alors sous Paris avec la cour et le maréchal de Turenne, contre les troupes de

(1) Ce Baugy devait être Guillaume, le frère de Geneviève, mariée à Edme de Beaujeu (voir page 115).

(2) Ce sont les expressions contenues dans la procuration envoyée de Barcelone, le 10 juillet 1652, par Pierre Duban pour le mariage de sa sœur Blaisine avec Jean-Baptiste Pitoizet d'Obtrée. (Arch. de la Côte-d'Or, E, 13). Voir page 95, note 1 ; et 180, note 1.

la Fronde. Il fut employé par le roi aux négociations qui amenèrent le départ du duc de Lorraine venu au secours de Condé.

L'instruction qui lui était donnée par le roi se terminait ainsi :

« *Ledit sieur de Beaujeu sera assuré que sa Majesté lui saura beaucoup de gré des services qu'il continuera de lui rendre en cette occasion*. Fait à Melun le 16 juin 1652 (1). »

La récompense ne se fit pas attendre et, le 10 juillet, il recevait le brevet de lieutenant-général (2), pour servir dans l'armée du maréchal de La Ferté-Sennecterre, avec laquelle il se trouvait devant Rethel, qui se rendit le 9 juillet.

Quelque temps après il était envoyé avec deux mille chevaux pour surprendre Guise, mais il ne put devancer l'ennemi et y entrer. Il assistait ensuite à la prise de Mouzon. Pendant le siège, il avait eu à se garer de la jalousie de Bussy-Rabutin, qui ne pouvait lui pardonner son avancement et voulait le faire battre avec Gédéon du

(1) Mémoire du vicomte de TURENNE (Coll. Petitot, 3ᵉ série, t. III, p. 411, 412).

(2) Le titre do lieutenant-général des armées du roi date de 1611. Le premier fut le marquis de la Valette, depuis duc d'Epernon. Le second connu est Melchior Mitte de Chevrières, marquis de Saint-Chamond, dont les pouvoirs sont du 6 février 1633. Le roi, en créant des lieutenants-généraux, pour servir sous les généraux d'armées, se proposait de soulager le commandant en chef dans ses détails et de lui donner un remplaçant en cas d'absence, de maladie, etc. (PINARD, l. c.).

Bois des Cours, seigneur de Favières, qui était son parent (1). Malgré les efforts de Bussy, cette querelle n'eut pas de suite, d'autant plus que Claude-Paul reçut de la cour l'ordre de se rendre à Sainte-Menehould, qui fut investi le 22 octobre et capitula le 29 novembre (2).

Au commencement de 1653, les Français reprirent Vervins, en plein hiver, et Beaujeu fit deux combats, l'un contre Briord du parti des princes de Condé ; l'autre contre Coligny à Couvin, près de Liège, dans lesquels il eut l'avantage (3).

Il commandait devant Rethel, le 5 avril 1653, et faillit s'en emparer par un coup de main, mais malgré toutes les précautions prises, l'affaire manqua (4).

Claude-Paul fut tué l'année suivante au siège d'Arras menacé par l'archiduc.

« La tranchée fut ouverte dans la nuit du 14

(1) Gédéon du Bois des Cours était marié à Éléonore de Beaujeu, dernier représentant de la branche de Beaujeu-Maisonfort, descendant de Claude de Beaujeu, fils de Jean II, seigneur de Chazeuil (voir pages 37 et 206).

(2) *Mémoires de* Bussy, t. I, p. 409, 481, 487.

(3) *Mémoires de* Montglat, p. 412.

(4) Arch. de la ville de Langres, 692 (lettre de M. Bussey, ingénieur langrois, aux maire et échevins de la ville, datée de Maizières le lundi-saint (7 avril) 1653. « Messieurs, samedi dernier entre trois et quatre heures du matin, nos troupes commandées par M. de Beaujeu manquèrent une entreprise sur Rethel qui aurait bien apporté du soulagement à cette frontière, etc... »

au 15 juillet par les Espagnols. Le 22, Navaille, gouverneur de Bapaume, prit un convoi escorté de 500 chevaux qui allait de Douai au camp des Espagnols. Quelques jours après, Beaujeu en défit un qui venait d'Aire dans les lignes, mais il fut tué dans le combat (1). »

Les mémoires de Turenne fixent mieux la date de cette mort glorieuse. Claude-Paul avait été envoyé avec un corps considérable vers Béthune, pour empêcher le convoi d'Aire et de Saint-Omer. « Surpris au petit jour, comme ses gens *repaissaient*, il fut mis en désordre et tué sur place ; mais ses gens s'étant ralliés, les ennemis furent battus et beaucoup des leurs tués ou pris. »

Turenne annonça en ces termes la mort de Claude-Paul de Beaujeu au cardinal Mazarin et à le Tellier :

« Au camp de Mouchy-le-Preux, le 25 juillet 1654. »

Lettre au cardinal : « Monsieur, je ne doute pas que votre Eminence ne soit bien touchée de la perte de M. de Beaujeu : elle y a perdu un serviteur bien affectionné et assurément je n'ai point connu *un plus brave et meilleur officier*

______

(1) D'après LORET, *Muse historique*, 1er août 1654, t. 1, p. 525. Claude-Paul aurait eu le cœur traversé par une balle :

> « Mais hélas ! monsieur de Beaujeu
> Y mourut d'un coup de feu,
> Qui du cœur lui coupa la veine. »

que lui. On envoiera à votre éminence la relation du combat qui a été fort opiniâtre, etc. »

Le même jour, Turenne écrivait au ministre le Tellier :

« Au camp de Mouchy-le-Preux, le 25 juillet 1654.

« Monsieur, je m'assure que vous avez beaucoup de déplaisir de la perte de M. de Beaujeu : je vous assure que le roi y a perdu *un des meilleurs officiers* de France, et en *mon particulier j'en ai un extrême regret*. Dès que j'aurai une relation certaine du combat je vous l'*envoierai*. Il a été fort opiniâtre. Il y a plus de deux cents prisonniers de l'ennemi et beaucoup d'officiers. Comme M. de Beaujeu attendait le convoi d'Aire, cette cavalerie de l'ennemi sortant du camp le vindrent attaquer à la pointe du jour. J'avais neuf ou dix escadrons avec M. de Beaujeu, qui est ce qu'il avait. Je suis véritablement, Monsieur, votre très humble et très affectionné serviteur.

« TURENNE. »

« Je vous supplie, Monsieur, d'écrire pour le régiment de M. de Beaujeu en faveur de M. de la Séville qui est premier capitaine et qui est un très brave petit homme qui a fort bien fait en cette occasion avec son régiment et qui est parent de M. de Beaujeu (1). »

---

(1) *Mémoires de* TURENNE, p. 463. Je n'ai pu découvrir aucun renseignement sur cette parenté invoquée par Turenne.

Claude-Paul de Beaujeu est donc mort le 25 juillet 1654. Il n'avait que 36 ans et laissait veuve Eléonore de Tusseau qu'il avait épousée en 1647, et qui n'avait alors que 15 ans (1). Elle était fille de Charles de Tusseau, conseiller du roi, seigneur de Sautour et de Reine d'Eslions, et lui avait donné un fils, Edme-François de Beaujeu, capitaine de cavalerie, décédé en 1674, et pour la succession duquel, après vingt ans de procès, une transaction eut lieu le 20 janvier 1696, entre sa mère Eléonore de Tusseau, remariée à Achille-Léonor du Fresnoy (2) et Eléonore de Beaujeu, marquise de Belval, sœur de Claude-Paul et tante du défunt, laquelle représentait les héritiers de la branche paternelle.

Aux termes de ce traité, le marquis du Fresnoy recevait la terre et seigneurie de Villiers-Vineux avec toutes ses appartenances, tandis que la

(1) Elle fut baptisée le 8 mai 1632, à Neuvy-Sautour, canton de Flogny, arr. de Tonnerre. Le 1ᵉʳ novembre 1647, marraine à Neuvy, elle se dit femme de Claude-Paul de Beaujeu, mestre de camp d'un régiment de cavalerie.

(2) Achille du Fresnoy prenait son nom de la terre de Fresnoy en Picardie que ses ancêtres tenaient de temps immémorial. Il était frère de Jean du Fresnoy, grand-prieur de Champagne pour l'ordre de Malte, et fils d'Henri pour lequel la terre du Fresnoy avait été érigée en marquisat, au mois d'août 1652. Achille fut maréchal de camp, Conseiller d'État. Son mariage avec Eléonore de Tusseau est de 1658. Il en eut un fils, Nicolas (Voir *Mercure de France* du mois d'avril 1717, p. 184 et suivantes ; LA CHESNAYE-DES-BOIS).

marquise de Belval prenait Butteaux et le sixième de la seigneurie de Percey, sans compter une somme de 1750 francs que lui versait la marquise du Fresnoy, qui devait en outre lui servir une rente de 50 livres, dont les arrérages couraient du 1ᵉʳ janvier 1694, etc. (1).

En Edme-François de Beaujeu finissait le rameau de Villiers-Vineux, sorti de la branche de Chazeuil.

(1) Arch. de la Côte-d'Or, E, 734.

CHAPITRE V

RAMEAU DE LA MAISONFORT (¹)

Claude de Beaujeu. fils de Jean II, seigneur de Chazeuil, et de N. de Montjeu, devint seigneur de la Maisonfort par son mariage avec Marie des Ulmes (2), fille de Jean et de Christine de Blosset (3). Marie était veuve de Jacques de Giverlay, avec lequel et Christine de Blosset, sa mère, elle vendait, le 19 avril 1518, avant Pâques, à Jacques de Veilhan, la seigneurie de Michangues, dépendant de Nevers, à cause de la châtellenie de Monte-

(1) La Maisonfort était un château élevé sur une motte au nord de Bitry (canton de Saint-Amand, arr. de Cosne, Nièvre).

(2) Les des Ulmes possédaient une partie de la Maisonfort depuis le commencement du xvᵉ siècle. Jean des Ulmes, en 1435, avait « fait résistance dans la Maisonfort, où il ne pouvait prétendre que la troisième partie ». Jean des Ulmes, seigneur de la Maisonfort, assistait, le 24 mars 1464, à un hommage du comte d'Auxerre à l'évêque (Lebeuf, *Hist. d'Auxerre*, t. I, p. 531). Un troisième Jean des Ulmes, seigneur de la Maisonfort, était au service du roi, en septembre 1493 (arch. de la Côte-d'Or, Peincedé, t. XXII, p. 908). Le 15 octobre 1511, noble seigneur Perrot des Ulmes, ayant procuration de son frère Jean, seigneur de la Maisonfort, avait rempli pour lui son devoir féodal. Jean était encore vivant en 1517 (abbé Marolles, *Inventaire des titres de Nevers*, col. 179). Le sceau de Jean des Ulmes, en 1468, portait burelé de dix pièces, avec un lion brochant sur le tout (Bib. nat.).

(3) Voir page 60, note 1.

noison. Claude de Beaujeu, le 14 octobre 1523, avait donné son aveu et consentement pour l'établissement d'un bailliage à Auxerre. Il était dit seigneur de la Maisonfort, Bitry, Argenoul et Chassenay et paraissait pour lui et pour Marie des Ulmes, sa femme (1).

En 1533, il reprenait de fief pour la forêt de Lorme, dépendant de la châtellenie de Donzy (2) et pour Villiers et Argenoul, relevant de Saint-Verain (3).

Le 29 mars 1538, par un acte où se trouve encore attaché le sceau de son oncle François de Beaujeu, abbé de Saint-Germain, il prend à bail perpétuel, moyennant un cens annuel de 20 s. tournois, deux arpents de vignes à Irancy, appartenant à l'abbaye (4).

Claude mourut en 1541 et fut inhumé dans l'église de Saint-Germain d'Auxerre. Le 24 février 1542, Marie des Ulmes, sa veuve, faisait une donation pour célébrer chaque année un service funèbre pour son mari et Christine de Blosset, sa mère (5).

(1) Lebeuf, *Hist. d'Auxerre*, t. III, p. 393.

(2) Donzy, chef-lieu de canton, arr. de Cosne, Nièvre, était le siège d'une châtellenie importante, le Donzois.

(3) Saint-Verain, canton de Saint-Amand en Puisaye, arr. de Cosne, était aussi un fief des plus importants qui a donné son nom à une famille illustre.

(4) Arch. de l'Yonne, H, 1134. Ce sceau est fort endommagé.

(5) *Gallia Christ.*, t. XII.

Claude laissait les enfants suivants :

1° René ;

2° Edmée, mariée à Adrien du Chesnay, seigneur de Longueron, et veuve avant le 20 octobre 1576.

3° Jacqueline, épouse de Philippe de Prévost, seigneur de Senan, dont elle était veuve, le 20 octobre 1576, lorsqu'elle assistait, avec sa sœur, au mariage de Marie du Puys, fils de feu René du Puys et de Claudine de Prévost, avec Edmée d'Assue, fille de Louis, écuyer, seigneur de Chastenay-le-Viel, et de Louise de Canson (1).

RENÉ

René de Beaujeu, seigneur de la Maisonfort, de Coternoul et de Saint-Belin, plaidait à Gray, le vendredi 6 mars 1656, contre Guillaume de Beaujeu, seigneur de Volon (2). Il avait dû avoir en partage ce que son arrière-grand-père Jean I de Beaujeu avait reçu au territoire de Beaujeu, et pour lequel Jean II, son grand-père, se disait *seigneur dudit Beaujeu* et de Chazeuil. C'est ainsi qu'il se trouvait en procès avec son cousin Guillaume qui possédait le fief de la famille à Beaujeu.

(1) Abbé MAROLLES, *Inv. de Nevers*, col. 723.
(2) Arch. de la Haute-Saône, B, 556.

René était marié à Catherine de Florette (1), qui épousa, en secondes noces, Antoine de Thibotot, seigneur de Ligny. Il était mort en 1575, car cette année-là, sa veuve rendait son hommage pour la Maisonfort et Bitry (2), en même temps que sa belle-sœur Edmée de Beaujeu pour les terres et seigneurie d'Ouanne, Argenoul et Cyez, qui lui avaient été attribuées (3).

René avait eu de Catherine de Florette :

1° Claude II ;

2° Gilbert, qui a une partie de la Maisonfort, pour laquelle il reprend de fief avec son frère, en 1588, après la mort de leur mère (4) ;

3° Esther, épouse de Gille du Castel (5), seigneur de Sichamps (6) et auquel elle apporta Ouanne et Chastenay-le-Bas. Son nom figure sur

(1) Florette portait d'argent à trois glands de sinople, au chef d'azur chargé de trois étoiles d'or (Guichenon, *Hist. de Bresse*).

(2) Un monument funéraire pour la famille de Beaujeu existait dans une chapelle de l'église de Bitry qui est du XVIe siècle. Il n'en reste qu'une niche pratiquée dans le mur, et dont l'entablement est soutenu par des pilastres et des colonnettes à chapiteaux ornées de jolies figures d'enfants. Au milieu de rinceaux élégants se dessine l'écu burelé des Beaujeu. Une statue de femme agenouillée et en costume du milieu du XVIe siècle faisait partie de ce monument, mais elle est maintenant dehors de l'église. (*Répertoire archéologique de la Nièvre*, par le comte de Soultrait, Imp. Nat. 1875.)

(3) Arch. de la Côte-d'Or : Peincedé, t. XXVIII, p. 804.

(4) *Inv. de Nevers*, col. 566.

(5) Les armes des du Castel, de la Lorraine, étaient d'azur à une fasce bastillée d'argent surmontée de 3 châteaux du même.

(6) Sichamps, cant. de Premery, arr. de Cosne, Nièvre.

les registres paroissiaux de Cravans (1), où elle était marraine, le 16 avril 1594.

Esther de Beaujeu et son mari étaient encore vivants en 1624 et obtenaient le remboursement du droit d'éminage dans la ville de Mâcon, qui avait été vendu, le 31 mai 1522, à Philiberte Boulaise, dame de la Tour d'Orgelin, près Mâcon, son arrière-grand'mère, dont elle était héritière avec ses frères (2).

CLAUDE II

Claude II de Beaujeu, seigneur de Maisonfort, Argenoul, la Sablonnière, etc., reprenait de fief, en 1588, pour la Maisonfort. En 1593, pendant la ligue, le château de la Maisonfort, dont la garnison inquiétait les environs, fut investi par le duc de Nevers, qui avait avec lui cinq canons et deux couleuvrines, et força les ligueurs à capituler, le 25 avril (3).

En 1607, Claude renouvelait son hommage pour la Maisonfort, Argenoul, la Sablonnière.

Il avait épousé Marthe de Regnault, qui lui donna :

1° Elysée de Beaujeu, chevalier, seigneur de la

(1) Cravans, cant. de Vermanton, arr. d'Auxerre, Yonne.
(2) Arch. de la Côte-d'Or, B, 1257.
(3) *Société des sciences de l'Yonne*, t. XVIII, p. 235.

Maisonfort, etc., marié en 1620 à Rachel de Massy et mort peu de temps après. Il eut une fille posthume, Madeleine de Beaujeu, qui ne vécut que peu d'années, laissant, en 1625, sa succession à sa tante Eléonore.

2° Eléonore de Beaujeu, mariée en 1624 à Gédéon Dubois des Cours, seigneur de Favières, lieutenant d'une compagnie de cent hommes d'armes et que Bussy cherchait à brouiller avec Claude-Paul de Beaujeu, au siège de Mouzon, en 1653 (1). Gédéon devint par sa femme seigneur de la Maisonfort, après le décès de Madeleine, fille d'Elysée, et ses descendants conservèrent cette seigneurie qui fut érigée en marquisat pour eux, par lettres patentes du 7 novembre 1743 (2).

(1) Voir page 195.
(2) *Armorial de la Nièvre*, par M. de Soultrait, p. 154.

CHAPITRE VI

RAMEAU D'AUGEVILLE, DE MONTRÉAL ET DE MÉZILLES

CLAUDE

Claude de Beaujeu d'Augeville, Armoncourt, Montréal, était le septième enfant de Jean de Beaujeu III, seigneur de Chazeuil et de Gilberte de Beaurepaire (1). Il était par conséquent le frère du ligueur François de Beaujeu, et des deux chefs huguenots Jean et Paul, le premier commandant à Sisteron, et le second gouverneur de Montbéliard (2).

Resté avec ses frères et sœurs sous la tutelle de son oncle Philibert, évêque de Bethléem, il était encore bien jeune à la mort de ce dernier et dut avoir pour curateur son frère François. Dans tous les cas il fut placé comme page dans la maison des ducs de Bourbon-Montpensier, seigneurs de Saint-Fargeau (3). De page il passa

(1) Voir page 49.

(2) Pages 49 et 147

(3) Louis II de Bourbon, duc de Montpensier, avait épousé en deuxièmes noces, le 4 février 1570, Catherine de Lorraine, fille du

écuyer, puis il arriva au titre de gentilhomme de la maison de monseigneur de Montpensier, capitaine de la ville et du château de Saint-Fargeau, maître des eaux et forêts et gouverneur de Puisaye (1); il paraît aussi dans un acte inséré le 5 mars 1602, sur les registres paroissiaux de Mézilles, avec le titre d'écuyer du roi.

Seigneur d'Augeville, il signa longtemps de ce nom. Devenu gouverneur de Puisaye, il acquit des biens dans le voisinage de Saint-Fargeau et notamment à Mézilles, où il possédait le château de Montréal qui existe encore (2). Il était aussi seigneur, par voie d'échange avec Philippe de Montmigny, de la Chapellerie et de la Motte-Ponceau, que ses descendants conservèrent jusqu'à la Révolution. Il avait épousé, en 1594,

duc François de Guise et sœur du Balafré. Elle portait à sa ceinture des ciseaux d'or destinés à tonsurer Henri III. Elle mourut sans enfants le 6 mai 1596. François de Bourbon (mort le 4 juin 1592), son beau-fils, fils de Louis II, avait pris pour femme, en 1566, Renée d'Anjou, comtesse de Saint-Fargeau, qui lui donna un fils unique, Henri de Bourbon, duc de Montpensier, né le 12 mai 1563, mort le 27 février 1608. Il avait épousé Catherine, duchesse de Joyeuse, remariée en 1611 à Charles de Lorraine, duc de Guise. Leur fille Marie de Bourbon, mariée le 6 août 1626 à Gaston de France, duc d'Orléans, fut la mère de mademoiselle de Montpensier.

(1) Puisaye, petite contrée de l'ancienne France, sur la rive droite de la Loire, faisait partie du Gatinais-Orléanais dont la capitale était Montargis. La ville principale était Saint-Fargeau, où Mlle de Montpensier dut se retirer par ordre, après la Fronde.

(2) Montréal était un manoir entre Saint-Fargeau et Mézilles, qui est du canton de Saint-Fargeau.

Françoise de Boulard (1), fille de Robert de Boulard, seigneur d'Armoncourt et veuve de Robert de Mareschal, seigneur de la Jonchère. Il la laissa veuve pour la seconde fois en 1627. Elle lui avait donné dix enfants :

1° Catherine, baptisée à Mézilles, le 28 février 1595 ;

2° Edme-Loup, né en 1596. Il fut seigneur d'Armoncourt, et épousa Barbe de Montdésir, encore vivante le 12 novembre 1668.

3° François, baptisé à Mézilles, le 17 mars 1598 ;

4° Gabriel, baptisé à Mézilles, le 22 février 1599 ;

5° Antoinette, dont l'acte de baptême n'a pas été trouvé ;

6° Henri, baptisé à Ronchères le 9 janvier 1606, et qui continue la famille ;

7° Catherine, baptisée à Ronchères, le 8 mars 1607.

8° Antoine, parrain à Mézilles, le 25 décembre 1614, religieux de Saint-Benoît, en 1631 ;

(1) Boulard portait d'argent à 3 aigles de sable membrés d'azur au franc quartier d'or chargé d'un lion d'azur armé et lampassé de gueules. C'était de la bonne noblesse, comme le prouve le mariage d'Henri de Boulard avec Marie de Boucher, des barons de Flogny (voir page 114). La position de fortune devait aussi être des plus sérieuses, car le 2 mars 1602, François de Boulard donnait à l'église de Mézilles un parement d'autel de satin de Bourges vert, avec crucifix et image de Notre-Dame et de saint Jean, et garni de deux armoiries, *le tout en broderie d'or et d'argent.* (Registre paroissial de Mézilles.)

14*

9° Edme, baptisé à Ronchères, le 17 mars 1612 ;

10° Jean, baptisé à Ronchères, le 5 octobre 1614, devint seigneur d'Augeville et vivait encore le 17 février 1634.

HENRI

Henri de Beaujeu, seigneur de Montréal, capitaine d'une compagnie de cavalerie au régiment d'Odancourt pour son Altesse Royale, était le sixième enfant de Claude de Beaujeu, seigneur d'Augeville et de Françoise de Boulard. Il se trouva l'aîné de la famille par le décès sans postérité de ses trois frères Edme-Loup, François et Gabriel.

Il avait eu le fief de Montréal, auquel il ajouta ceux de la Motte-Ponceau, du Portail, Maupertuis, la Guillottière, ce dernier avec un *manoir clos de murs* (1).

Il était mort le 26 janvier 1647. Il avait épousé Marie de Galteau (2), fille de *noble* Henri de Galteau, dont il eut :

(1) A. Dey, *Histoire du comté de Saint-Fargeau.*

(2) La famille de Gasteau ou Galteau était de la bourgeoisie de Sens, et après avoir fait fortune elle obtint d'entrer dans la noblesse. Claude Gasteau, écuyer, seigneur de la Batière, était commissaire des guerres en 1657. Son frère était contrôleur du grenier à sel de Sens (ville de Sens, G.G., 7 et 8) ; en 1682, Claude Galteau, sieur de la *Chatière*, était secrétaire des finances du duc d'Orléans (Arch. de l'Yonne, H, 1970).

1° Edme, né à Mézilles, le 3 février 1637, baptisé le 23 du même mois ;

2° Jacqueline, baptisée à Mézilles, le 9 septembre 1638 et déjà marraine le 19 mars 1639. Elle avait eu pour parrain René de l'Hôpital, marquis de Choisy (1) et pour marraine la femme de Jacques de Courtenay, seigneur de Chaugy (2). Elle épousa Claude de Gauville, lieutenant-colonel du régiment de Dampierre, et donna le jour à : *a*) Jean-Henri, né le 12 novembre 1663 ; *b*) Madeleine, née le 27 avril 1667, mariée à Gabriel Regnier, commissaire d'artillerie ; *c*) Françoise, née en 1666, morte à 50 ans, en 1717 ; *d*) Marie, baptisée le 4 novembre 1670. Après la mort de Jacqueline de Beaujeu, Claude de Gauville se remaria, 1° avant 1676 à Marie de Marchand ; 2° à Marie de la Mousse ;

3° Jean-Louis, écuyer, seigneur du Portail, né le 6 septembre 1640, baptisé seulement le 4 mars 1642 ;

4° Claude, seigneur d'Armoncourt et de Montréal, dont la femme, Marguerite Huot, était mar-

---

(1) Cette famille de l'Hôpital n'avait aucune parenté avec celle du chancelier de l'Hospital, mais elle n'en était pas moins illustre (MORERI).

(2) Les Courtenay de Chaugy descendaient de Pierre, fils naturel de Jean IV de Courtenay, issu de Pierre, septième fils du roi Louis le Gros. Une alliance existait avec les Gauville, car Jacques était fils de Marie de Gauville.

raine d'un enfant de Claude de Gauville et de Marie de la Mousse, le 20 avril 1678.

EDME

Edme de Beaujeu, seigneur de Mézilles, Laverne, lieutenant de chevau-légers avant d'être lieutenant dans le régiment *Mestre-de-camp* cavalerie, était le fils aîné d'Henri de Beaujeu et de Marie de Galleau. Marié en 1666 à Madeleine de Raganne (1), il était mort le 10 février 1695, car ce jour-là Madeleine se disait veuve, au baptême des deux jumelles nées de Madeleine de Gauville, fille de Jacqueline de Beaujeu. Le 2 novembre 1698, Madeleine de Raganne était marraine d'une cloche à Saint-Sauveur avec Pierre Nigot, seigneur de Saint-Sauveur (2), pour parrain.

Edme et Madeleine Raganne avaient eu :

1° Edme-Henri, né en 1667 ;

2° Louis-François, baptisé le 8 janvier 1672, et devenu capitaine de cavalerie ;

3° Edmée, baptisée à Mézilles, le 8 avril 1675, mais venue au monde le *mercredi* précédent.

(1) Éléonor de Raganne, écuyer, seigneur de Fontaine, était, en 1646, secrétaire du roi (d'HOZIER).

(2) Pierre Nigot était fils de Jacques, qui de simple marchand à Auxerre, puis commis à la régie des coches d'eau, appartenant à Colbert, devint secrétaire des finances, doyen des Présidents de la Chambre des Comptes et mourut à Paris avec le titre d'écuyer (Arch. de l'Yonne, B, 188). Il fut inhumé à Saint-Sauveur.

4° Henriette, née en 1678, morte en 1733, mariée à 36 ans, le 19 mars 1714, à Jacques de Treigny (1), seigneur de Charmois, âgé de 32 ans, fils de Léonard et d'Edmée Roché. De ce mariage : *a*) Jacques, né le 20 juin 1714, marié le 11 janvier 1734 à Jeanne Carran ; *b*) Edme-Loup, né le 10 avril 1716.

5° David de Beaujeu, né le 26 mars, baptisé le 12 avril 1684, cornette dans le régiment de la *Cornette Blanche* en 1709, retiré du service le 28 avril 1716, témoin, en 1730, le 25 mars, au mariage de sa nièce Madeleine avec Jacques d'Estud, et au mariage, en 1734, de Jacques de Treigny, son neveu.

6° Marianne, née vers 1686, et marraine de son frère Edme;

7° Edme, né le 23 février 1690 ; il avait pour parrain son frère Louis et pour marraine, sa sœur Marianne, il mourut le 22 mars ;

8° Barbe *qui ne sait pas encore signer en* 1695, lorsqu'elle est marraine ;

9° Madeleine, marraine à Mézilles, le 7 avril 1703.

EDME-HENRI

Edme-Henri de Beaujeu, seigneur de Mézilles, où il possédait les fiefs de la Motte-Ponceau, de la

(1) Treigny, canton de Saint-Sauveur, arr. d'Auxerre, Yonne.

Guespière et de Romme, ce dernier acquis par lui le 6 septembre 1697 (1), était le fils aîné d'Edme de Beaujeu et de Madeleine de Raganne.

Né en 1667, il était lieutenant dans le régiment *mestre-de-camp* de cavalerie, en 1699, et se retira du service, en 1715, avec une pension du roi.

Le 17 mai 1727, il assistait à la réunion du conseil de fabrique de Mézilles pour la nomination du maître d'école. Le 25 août de l'année suivante, il était témoin, à Septfons, du mariage de Louis-Achille du Deffand avec Catherine-Françoise de Laverne.

Il mourut le 25 décembre 1748, à 82 ans, et reçut sa sépulture dans le chœur de l'église de Mézilles. Il avait épousé, le 21 avril 1714, à 48 ans, Constance de Treigny, âgée de 25 ans, fille de Léonard et d'Edmée Roché, et dont le frère, Jacques de Treigny, avait été marié, le 19 mars précédent, à Henriette de Beaujeu, sa sœur.

De son alliance avec Constance de Treigny, Edme-Henri I de Beaujeu avait eu :

1° Edmée-Constance, baptisée le 27 février 1715 ;

2° Madeleine, mariée le 18 janvier 1732 à Jacques d'Estud, veuf d'Edmée de Gauville et qui mourut le 9 juillet 1744 ;

3° Edme-Henri II ;

(1) A. Dey, *Histoire du Comté de Saint-Fargeau.*

4° David-Alexandre, baptisé le 20 février 1724, ayant pour parrain son oncle David de Beaujeu, et pour marraine Marguerite d'Estud. Il avait eu en partage les fiefs du Portail et de la Motte-Ponceau. Officier de cavalerie dans le régiment *Mestre-de-camp* général, il fut aussi dans les gens d'armes de la garde du roi.

Marié le 29 novembre 1758 à Marie-Angélique Le Maigre (1), fille de Charles-Alexandre Le Maigre, seigneur de Saint-Sauveur, avocat au Parlement, mort le 10 décembre 1770, et d'Angélique-Françoise Nàulet. Il en eut : 1° Angélique-Françoise, morte à Saint-Fargeau, le 20 mars 1761 ; 2° Angélique, née le 24 novembre 1762, décédée le 3 décembre suivant et enterrée à Mézilles ; 3° Catherine-Adélaïde, née le 24 novembre 1763, morte le 11 mars 1785, à 22 ans ; 4° Edme-Alexandre, né le 8 juillet 1764, mort le 24 novembre à 3 mois 1/2. David-Alexandre mourut lui-même le 11 octobre 1782, à 58 ans et fut inhumé dans le cimetière de Mézilles.

(1) Charles Lemaigre de Croisy était aussi lieutenant des eaux et forêts. Au bas de son acte de décès, sur les registres de Saint-Fargeau, se trouve la signature de son frère, Etienne-Pierre-Alexis, ancien garde du corps du roi, et celle de son fils Charles-Alexandre-Maurice, écuyer, gendarme de la garde du roi.

EDME-HENRI II

Edme-Henri II, qualifié marquis de Beaujeu, seigneur de Mézilles, et de Nailly par sa femme, était fils d'Edme-Henri I et de Constance de Treigny.

Il épousa, le 28 avril 1739, Angélique d'Estud (1), fille de Jacques, seigneur de Nailly et d'Edmée de Gauville, lequel Jacques avait épousé en secondes noces, le 8 janvier 1732, sa sœur

---

(1) La famille d'Estud était d'origine écossaise. Quatre frères d'Estud ou d'Estut avaient suivi en France Jean Stuart qui fut connétable et était venu au secours du Dauphin Charles VII, vers 1418. En récompense de leurs services, on leur avait donné des fiefs conquis sur les Anglais. Ils avaient formé les d'Estud de Chastenay, d'Estud d'Assay, Estud de Nailly, et avaient eu des alliances dans les meilleures familles de la noblesse. Une branche forma les comtes et marquis de Tracy qui devinrent comtes de l'Empire et Pairs de France. Ils portaient : au 1 et 4, d'or à trois pals de sable; aux 2 et 3, d'or au cœur de gueules : devise : *don bien acquis* (*Armorial du Nivernais*, par le comte de SOULTRAIT, t. I. p. 265).

En 1765, après la mort de son frère aîné, le futur Louis XVI quittait le titre de duc de Berry pour celui de Dauphin. « Le chevalier de Beaujeu » qui était sous-gouverneur du prince, demanda alors sa retraite et par lettre du 18 avril, le roi voulut bien lui conserver les appointements attachés à sa charge. Pendant que le chevalier de Beaujeu était en fonctions, ordre lui avait été envoyé par M. de la Tour portant défense de se rendre à la cour avec sa femme et ses enfants. (Arch. nat. O, 405, n° 862 ; 407, n° 2 et 370).

Cette dame n'était pas d'assez grande noblesse, et cette circonstance démontre à elle seule que le chevalier de Beaujeu n'était pas Edme-Henri II, mais plutôt un membre de la famille Simon-Beaujeu. (V. p. 132, note 1.)

Madeleine-Catherine de Beaujeu qui devint ainsi sa belle-mère.

Edme-Henri II mourut le 20 mars 1791 (1), laissant Angélique d'Estud encore vivante. Elle lui avait donné les enfants suivants :

1° Jacques-Henri, vicomte de Beaujeu ;

2° Edme-Henri III, chevalier de Saint-Louis, baptisé le 22 mai 1741, capitaine au régiment de cavalerie Royal-Piémont, en 1770, colonel du régiment Royal, devenu à sa mort le 2ᵉ régiment de cavalerie, le 23 mai 1792. Il avait pour lieutenant-colonel Clarke, duc de Feltre (2) ;

3° Edmée-Angélique, née le 21 avril 1742, mariée le 8 janvier 1765 à Jean-Baptiste-Joseph-Pierre de Finance, fils de Jean-Baptiste et de Geneviève de Vatteré (3), dont Ange-Joseph-Pierre de Finance, baptisé le 16 février 1766, et qui se trouvait sur la liste des émigrés, en 1795.

(1) L'état de la noblesse pour l'année 1782, pages 130, 131, donne comme chef de la maison de Beaujeu, Edme-Henri de Beaujeu, marié à Angélique d'Estud, et cite leurs 6 enfants. Il existait, il est vrai, à Champlitte, Louis-Nicolas-François, fils de Charles-Louis. Mais Louis-Nicolas-François représentait une branche cadette qui remontait à Jean V, deuxième fils de François de Beaujeu, seigneur de Jauge, tandis que Edme-Henri descendait de Claude, frère du même François, c'est-à-dire remontait un degré plus haut, ce qui, d'après les lois de la féodalité, le rendait le représentant de nom et d'armes de la famille.

(2) Général Susane, *Cavalerie*, t. II, p. 35 et 45.

(3) Les de Finance, gentilshommes verriers de la Lorraine, existent encore dans la région.

Il avait été officier dans le régiment de Gévaudan ;

4° Lucrèce-Jeanne, née en 1743, religieuse hospitalière à Saint-Thomas de Villeneuve et qui prêta serment de fidélité à la République, le 7 pluviôse an II (26 janvier 1794), conformément à la loi du 3 septembre précédent ;

5° Marie-Madeleine, née le 24 septembre 1744. Elle habitait Mézilles et fut maintenue en possession de ses biens, lors de l'adjudication des terres des émigrés, dont faisait partie son frère Jacques-Henri.

6° David, baptisé le 21 février 1746, ayant pour parrain son oncle David-Alexandre, et pour marraine Anne Carran, femme de Jacques de Treigny, fils d'Henriette de Beaujeu, et son cousin ;

7° Elisabeth-Sophie, née le 26 avril 1752.

Angélique d'Estud, au moment de la Révolution, fut arrêtée et enfermée à Auxerre, puis renvoyée à Mézilles pour *être gardée à ses frais*. Mais la succession de son mari avait été partagée entre ses enfants, et son douaire avait été établi sur la portion de Jacques-Henri qui avait émigré, ce qui avait amené la confiscation de ses biens. De sorte qu'Angélique d'Estud se trouvait dans le besoin. Elle demanda donc à être déchargée de cet impôt forcé et au moins singulier. Le conseil de la commune fit droit à sa requête dans une délibération ainsi conçue : « 30 vendémiaire an III (21 octobre 1794) : Sur la représentation faite par la citoyenne veuve Beaujeu. détenue dans cette commune depuis le 27 brumaire an II (17 novembre 1793) par arrêté du comité révolutionnaire de la commune d'*Auserre*, en date du 23 dudit, qui l'a renvoyée de la maison de réclusion libre de se retirer en sa maison pour y être gardée à *ces* frais sous la surveillance du comité révolutionnaire de cette commune, et depuis le décret de la suppression des différents comités établis dans chaque commune, par celle du conseil général de cette dite commune, ayant eu jusqu'à ce moment un garde à ses frais que l'indigence où elle se trouve la met dans l'impossibilité de pouvoir payer, elle réclame auprès du conseil général la justice qui lui est due de la décharger de ce garde. En conséquence, le conseil général prenant en considération l'exposition de la dite veuve Beaujeu, considérant que l'état véritable d'indigence où elle se trouve la met dans l'impossibilité de payer son gardien, considérant en outre son *impuissance pour arrêter la marche de la révolution*, a arrêté à l'unanimité qu'elle sera de ce jour déchargée de ce gardien qu'elle a eu à ses frais ; et ont signé : Maudhuy, Bourgeois, Gauthier, Colon (1). »

(1) Registre des délibérations de la commune de Mézilles, fol. 7.

JACQUES-HENRI

Jacques-Henri, vicomte de Beaujeu, chevalier de l'ordre royal et militaire de Saint-Louis, chef de brigade au corps royal de l'artillerie, régiment de Strasbourg, était fils aîné d'Edme Henri II et d'Angélique d'Estud. Il avait été baptisé à Mézilles, le 10 mars 1740.

Il était déjà capitaine d'artillerie, le 7 mai 1776, lorsqu'il assistait aux funérailles, à Mézilles, de Jean de Cazeau, ancien gouverneur des pages de la petite écurie et lieutenant-colonel du régiment d'Harcourt (1). Il s'était, cette année-là, distingué par quelque action d'éclat, car lorsqu'il fut gratifié, le 26 avril 1790, d'une pension de 300 livres sur la cassette royale, il est ainsi désigné : « Jacques-Henri de Beaujeu, vicomte, 49 ans, *guerre 1776*. 300 fr. : capitaine au corps royal d'artillerie (2). »

Lorsqu'arriva la tourmente révolutionnaire Jacques-Henri de Beaujeu, laissant à Mézilles sa mère, sa femme et sa fille, passa la frontière. Son nom figure sur la liste des émigrés du district de Saint-Fargeau extraite du procès-verbal

(1) Registres paroissiaux de Mézilles.
(2) Archives parlementaires: Pensions : 21 avril 1790. M. St. Leroy a publié les pensionnés francs-comtois dans le *Bulletin de la Société grayloise d'émulation*, 1899. (Voir p. 134, note 2.)

de la séance du 4 prairial an III (23 mai 1795).
Il est inscrit ainsi :

« *Beaujeu-Jacques-Henri, de Mézilles, chef
de brigade du corps royal d'artillerie.* »

Cette liste porte seize noms : le premier est
celui d'Allard Edme-Nicolas, de la commune de
Thury, *maréchal-ferrant.* Le second, Armand
de Montmorency ; puis vient Jacques-Henri, le
3e. Cette situation entraînait la confiscation et la
vente des biens de Jacques-Henri ; elle eut lieu
le 6 mai 1793 (17 floréal an I) (1).

Le 3 germinal (23 mars) précédent, on avait
déjà adjugé les jardins dépendant de la maison
ci-devant de Jacques de Beaujeu, émigré. Le
citoyen Blin, de Mézilles, était resté adjudica-
taire pour 50 francs. Le même jour, on avait
fait murer la porte extérieure de la chapelle
dépendant du château (2).

Jacques-Henri avait épousé Louise-Marie
Aymon de Montépin (3), dont il avait eu Char-

(1) *Bulletin de la Société des sciences de l'Yonne,* 1890. *La Révolution dans l'Yonne,* par H. MONCEAUX.

(2) On avait décidé aussi, dans la même séance, de supprimer la
distribution du pain bénit à la messe du dimanche, par *mesure
d'économie.* Dans les considérants, il est dit « qu'on ne veut con-
trarier la dévotion d'aucun citoyen, mais que cela ôte la subsistance
de deux individus au moins par semaine, car ce pain pèse ordinairement vingt livres ». (Registres des délibérations, fol. 13.)

(3) Pierre-François-Aymon de Montépin, chevalier, seigneur de
Montgazon et Soucy, est dans la liste des membres de l'ordre de la
noblesse du Nivernais et Donziais, votant pour l'élection des dépu-

lotte-Louise-Henriette, née le 8 octobre 1783 et
baptisée à Mézilles. Son parrain était Edme-
Henri de Béaujeu II, son grand-père, et sa marraine Charlotte-Louise de Beaujeu, chanoinesse
du chapitre noble et séculier de Saint-Louis, à
Metz, représentée par Angélique d'Estud, aïeule
de l'enfant.

Lorsque Jacques-Henri gagna la terre d'exil,
sa femme et sa fille continuèrent à résider à
Mézilles, et le 27 avril 1793, il leur était accordé
un certificat de résidence ainsi libellé sur le
registre :

« Certificat de résidence donné à la citoyenne
Marie-Louise *Edmond*, femme de *Monsieur*
Jacques-Henri de Beaujeu, émigré : âgée de trente-
quatre ans, taille de cinq pieds ou environ,
cheveux chataings, sourcils noirs, yeux gris, nez
bien fait, bouche petite, menton rond, front
ordinaire, visage uni et sans aucune cicatrice ;
domiciliée à Mézilles, maison appartenant ci-
devant à *Monsieur* Jacques-Henri de Beaujeu,
émigré, et qu'elle y réside et y a résidé sans inter-
ruption avec la citoyenne Charlotte-Louise-
Henriette de Beaujeu, sa fille, âgée de neuf ans,
taille de trois pieds six pouces ou environ, cheveux et sourcils chataings, yeux bleus, nez ordi-

tés aux États Généraux (14 mars 1789). (*Armorial de la Nièvre*,
par M. de SOULTRAIT.)

naire, bouche grande, visage uni et sans aucune cicatrice, depuis le 14 ventôse (4 mars) 1790 jusqu'au 8 floréal (27 avril) ; en foi de quoi nous lui avons délivré le présent certificat qui a été donné en présence du certifié et de huit citoyens certificateurs, etc. (1) »...

Après la mort de sa mère, Charlotte-Louise-Henriette se retira à Paris, où elle mourut en 1858. Par son testament olographe, en date du 18 juin 1855, et déposé chez Mᵉ Demanche (2), elle léguait à l'ordre des dames de la Providence de Sens la somme de quarante mille francs, « à la charge par ledit ordre d'employer la totalité de cette somme à la fondation d'une école gratuite pour les petites filles dans la commune de Mézilles. Je désirerais aussi qu'une petite pharmacie fût établie dans cette école, pour le pansement des pauvres, ainsi qu'un ou deux lits, plus tard, pour de pauvres vieilles femmes, si cela peut se faire » (3)...

En Charlotte-Louise-Henriette finissait l'ancienne et illustre maison de Beaujeu de Fran-

---

(1) Registre des délibérations de la commune de Mézilles.

(2) Il a été impossible d'avoir, dans l'étude du successeur de M. Demanche, communication du testament de Mˡˡᵉ de Beaujeu.

(3) Registre des délibérations de la commune de Mézilles, 18 janvier 1859. (Le conseil municipal accepta le legs par six voix *contre une.*)

che-Comté (1), et son legs en faveur des pauvres et des malades constitue le dernier document sur cette famille. Le premier connu est une donation à l'abbaye de Bèze par Ponce de Beaujeu, en 1083.

Dʳ J. BERTIN.

(1) Le nom et les armes de Beaujeu ont été relevés de nos jours par la famille de Minette qui descend d'Anne de Beaujeu, fille de Scipion et de Jeanne de Noirefontaine et mariée, le 12 mai 1627, à Joachim de Minette, seigneur de Bassignan. (V. page 59).

TABLE DES NOMS

MAISON DE BEAUJEU DE FRANCHE-COMTÉ

BRANCHE DE CHAZEUIL

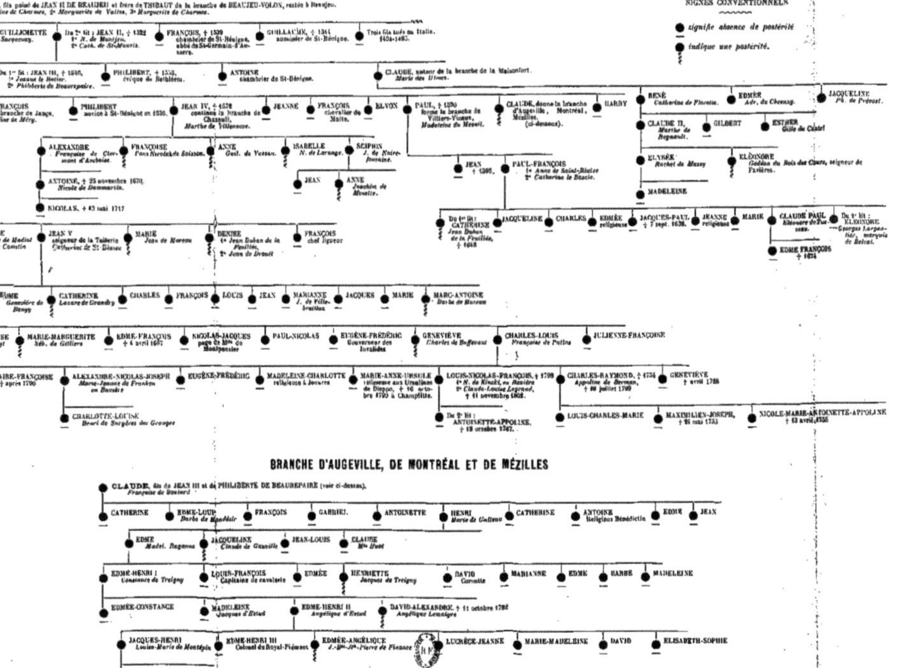

BRANCHE D'AUGEVILLE, DE MONTRÉAL ET DE MÉZILLES

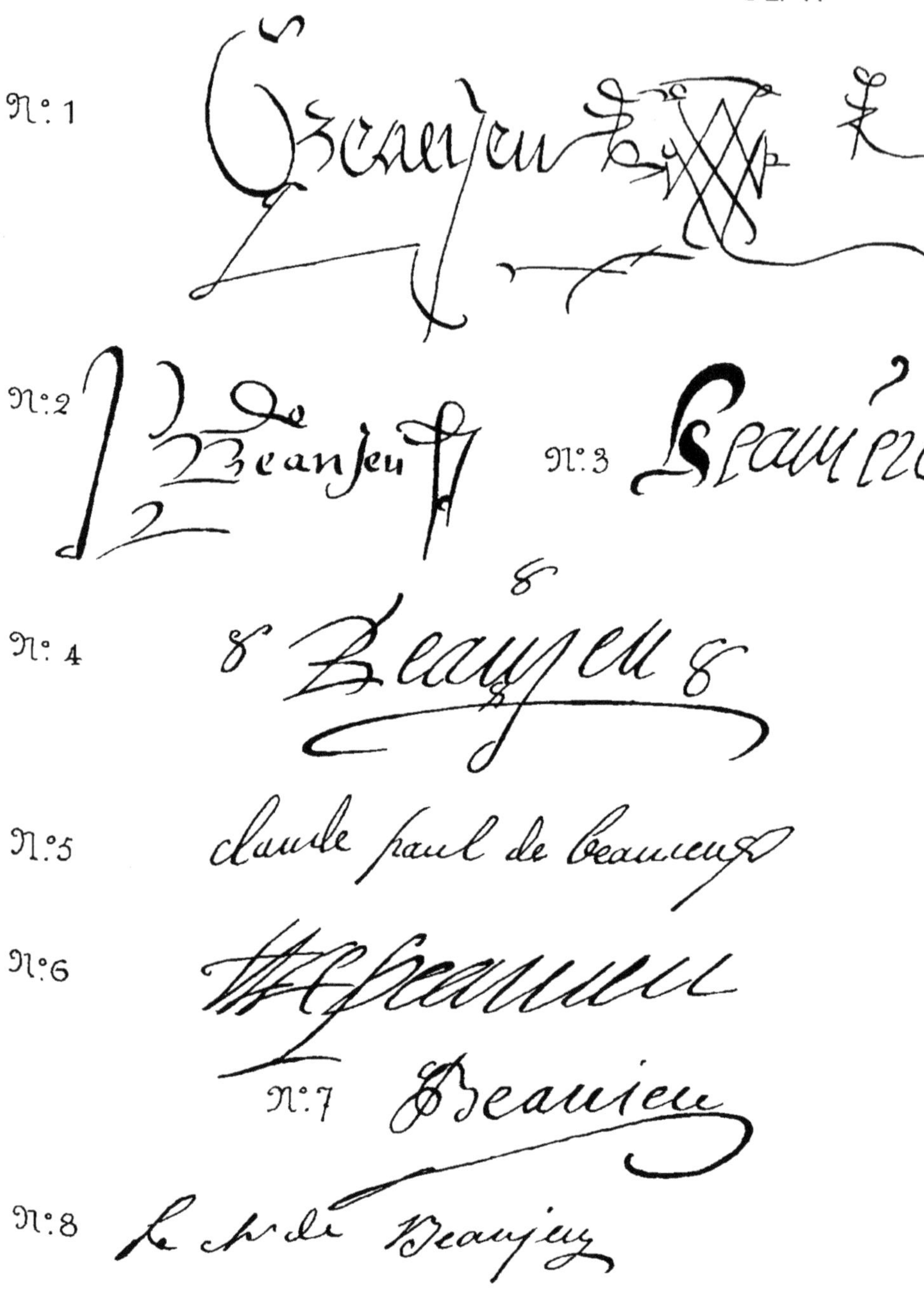

No 1. Guillaume de Beaujeu, aumônier de Saint-Bénigne de Dijon. (*Arch. de la Côte-d'Or*, H, 81.)

No 2. Philibert de Beaujeu, évêque de Bethléem, (Coll. de M. Chevalier, cons. à la Cour d'appel de Dijon.)

No 3. Paul de Beaujeu, gouverneur de Montbéliard. (*Arch. nationales*, K, 2186.)

No 4. Paul-François de Beaujeu, capitaine lieutenant de la comp¹ᵉ de Gendarmes du duc de Mayenne (1).

No 5. Claude-Paul de Beaujeu, lieutenant général, commandant la cavalerie en Flandre, en 1648 (2).

No 6. Alexandre de Beaujeu, capitaine de chevau-légers, 1630. (*Arch. de Langres*, 691.)

No 7. Eugène-Frédéric de Beaujeu, gouverneur des Invalides, 1728-1730. (*Arch. de la Côte-d'Or*, E, 734.)

No 8. Edme-Henri de Beaujeu, colonel du régiment royal, en 1791. (Registres parois. de Mézilles, Yonne.)

---

(1) *Arch. de Langres*, 692.
(2) Registres paroissiaux de Villiers-Vineux, canton de Flogny, arr. de Tonnerre (Yonne).

TOMBE DE JEAN Iᵉʳ DE BEAUJEU

SEIGNEUR DE CHAZEUIL

(Long. 2 m., larg. 0ᵐ98). Eglise de Beaujeu-sur-Saône.

SCEAU DE PHILIBERT DE BEAUJEU

ÉVÊQUE DE BETHLÉEM

ARMOIRIES DE JEAN III DE BEAUJEU

Sur la cloche de l'église de Chazeuil.

ARMOIRIES DE LA BRANCHE CADETTE
DE LA MAISON DE BEAUJEU-SUR-SAÔNE

BEAUJEU-SUR-SAONE EN 1850

(Vue prise au sud, entre Saint-Vallier et le chemin de Prantigny.)

www.ingramcontent.com/pod-product-compliance
Ingram Content Group UK Ltd.
Pitfield, Milton Keynes, MK11 3LW, UK
UKHW022012170726
13837UKWH00001B/134